新财经改革研究系列丛书

U0656841

Research on the Coordinated Development of
Mountain Outdoor Sports and Regional Ecological Environment

山地户外运动与
区域生态环境协调发展研究

张诚 孙辉 著

东北财经大学出版社
Dongbei University of Finance & Economics Press

大连

图书在版编目（CIP）数据

山地户外运动与区域生态环境协调发展研究 / 张诚，孙辉著. —大连：东北财经大学出版社，2024.9. —（新财经改革研究系列丛书）. —ISBN 978-7-5654-5371-7

Ⅰ. G812；X321.2

中国国家版本馆CIP数据核字第2024XG7876号

东北财经大学出版社出版发行

　　大连市黑石礁尖山街217号　邮政编码　116025

　　网　　址：http://www.dufep.cn

　　读者信箱：dufep@dufe.edu.cn

大连永盛印业有限公司印刷

幅面尺寸：170mm×240mm　字数：161千字　印张：13.75　插页：1

2024年9月第1版　　　　　　　　2024年9月第1次印刷

　　责任编辑：时　博　赵宏洋　石建华　　责任校对：那　欣

　　　　　　　孟　鑫　韩敌非

　　封面设计：张智波　　　　　　　　版式设计：原　皓

　　定价：69.00元

作者简介

　　张诚，男，湖北经济学院体育经济与管理学院副教授。研究方向为休闲体育与户外运动，主持教育部人文社科基金项目1项，主持并完成湖北省教育厅项目2项、湖北省高校省级教学研究项目1项，参与国家社科基金项目1项，发表论文30余篇，其中在体育类核心期刊（CSSCI）发表论文3篇，出版专著1部。

　　本书获得"教育部人文社会科学研究项目"资助，课题名称为"新发展理念下山地户外运动产业与区域生态环境协调发展研究"（21YJA890040）

前　言

　　"促进人与自然和谐共生"是党的二十大报告提出的中国式现代化的本质要求之一。新时代,以习近平同志为核心的党中央把生态文明建设作为关系中华民族永续发展的根本大计。当前,我国户外运动产业发展不断加快,户外资源的开发和大量游客的涌入对山地、水域、森林等自然环境生态系统构成重大威胁。面对户外运动产业开发中一系列生态环境问题,必须统筹好发展与保护的关系,探索人与自然和谐共生的户外运动产业发展之路。落实山地户外运动与生态环境协调发展是实现体育旅游绿色发展的重大课题。生态文明建设战略和绿色发展理念对山地资源开发提出了更高的要求,因此,开展山地户外运动开发与生态建设协调发展的研究,为我国户外休闲运动提供可持续发展的途径,具有重要意义。

　　生态环境和经济的协调发展是人类实现可持续发展的重要途径,也是可持续发展的基本要求。从环境上说,山脉具有生物多样性特征,脆弱的高海拔生态系统也使得山脉生态更加脆弱。当山地逐渐发展为旅游和户外运动的热门目的地后,随之而来的经济、社会问题也逐渐成为焦点。尤其在山区游客缺乏有效的自我管理的情况下，山区的管理者面临着巨大的挑战。从经济上说，随着人们休闲和参与户外运动的需求越来越旺盛，面对政府投入相对滞后的现状，山区的管理者对旅游收入更加依赖，这将使得管理者面临旅游活动所带来的环境风险。面对矛盾，发达国家通过规划和管理策略力求实现最佳的游客分配和游客行为，这些案例给我国山地休闲活动和户外运动提供了有效的借鉴。山地生态保护涉及当地管理者、环保主义者、旅游业、户外运动开发者、参与者以及其他传统的利益相关者，多样化的利益团体使得山地的管理更加复杂。

本书从自然生态、户外运动消费者以及户外运动产业等多元视角对我国山地户外运动与区域生态环境的协调发展问题进行了系统性研究。本书的主要内容包括我国山地户外运动的布局特征、发展现状、山地户外运动对生态环境的影响机制、我国山地户外运动参与者亲环境行为分析、国家公园建设与山地户外运动发展、山地户外运动与生态环境协调发展路径等八个部分。

张　诚

2024 年 6 月

目 录

1

绪　论

1.1 研究目的与意义

1.1.1 研究目的

党的十八届五中全会首次明确提出创新、协调、绿色、开放、共享的新发展理念，在新发展理念的引领下，绿色发展成为高质量发展的重要标志。2020 年，党的十九届五中全会发布的《中共中央关于制定国民经济和社会发展第十四个五年规划和二〇三五年远景目标的建议》再次强调了新发展理念，并要求"推动绿色发展，促进人与自然和谐共生"。我国拥有丰富的山地资源，随着山地户外运动产业发展和户外运动开发对自然资源占用的增多、运动参与人群的快速扩大，山地户外运动产业发展与区域生态保护矛盾日益突出。研究山地户外运动产业与生态环境的协调发展不仅契合我国经济社会绿色转型的发展方向，也有利于实现人与自然和谐共生现代化的时代需求。本研究主要实现以下目标。

首先，以马克思、恩格斯生态观和习近平生态文明思想为指导思想，分析山地户外运动开展与生态保护的内在机理，揭示山地户外运动发展与生态保护的关系。

其次，完成对我国山地户外运动产业发展现状的考察。结合我国山地资源特征，对我国山地户外运动开展情况进行调查，分析山地户外运动赛事、山地户外旅游以及山地运动小镇等产业的现状，解析我国山地户外运动产业的发展困境。

最后，建构我国山地户外运动产业与区域生态环境协调发展模式，提出协调发展的实现路径。以山地户外运动产业对生态环境的影响要素为核心，从发展理念、参与人群的环境教育、资源开发方式等方面提出山地户外运动产业与生态环境协调的发展路径。

1.1.2 研究意义

山地户外运动作为满足人们多样化体育消费需求的重要途径，近年来得到国家大力扶持。2014年以来，国务院发布了《国务院关于加快发展体育产业促进体育消费的若干意见》《关于加快健身休闲产业发展的指导意见》《"健康中国2030"规划纲要》《山地户外运动产业发展规划》《体育强国建设纲要》等多项文件，在国家推动"体育成为中华民族伟大复兴的标志性事业""体育产业更大、更活、更优，成为国民经济支柱性产业"的征途中，开展最为广泛的户外运动项目群将成为经济转型升级的重要内需力量以及体育产业新的增长点和新动力。基于生态视角研究山地户外运动产业发展的内在机制与实现路径，对加速推动体育产业迈向高质量发展阶段有着重要意义。

1）理论意义

（1）夯实理论基础。发挥新发展理念对户外运动产业发展的政策引领作用，以习近平生态文明思想为理论基础，探索相关理论问题并做出系统性解释，为我国建设人与自然和谐共生的山地户外运动实践夯实了理论基础。

（2）多学科理论融合。融合体育学、生态学等学科综合研究山地户外运动产业的可持续发展方案，为本题域的研究提供创新性学术资源和理论基础。

2）实践意义

（1）为山地户外运动产业发展政策制定提供依据。山地户外运动产业发展对区域生态环境的影响分析，可以为政府部门和决策部门提供有价值的基础数据，为山地户外运动产业结构调整、宏观决策、引导和组织工作提供有力的科学依据。

（2）为区域山地户外运动发展对环境影响评价提供依据。通过户外运动开展对当地环境影响规律的监测研究，评价户外运动产业的效益及发展前景，为提高山地资源利用效率、促进山地户外运动可持续发展做出贡献。

（3）建设良好山地生态环境的需要。山地资源是生态环境中十分重要的组成要素，研究山地户外运动与生态环境保护的协调发展，对保护我国山地自然生态，遏制生态环境恶化，具有十分重要的作用。

1.2　基本概念

1.2.1　户外运动

1）国内定义

"户外运动"作为一个专业术语最早出现在 20 世纪 80 年代初，户外运动作为一项新兴体育运动从欧美国家传入我国。从广义上说，户外运动是指在户外环境中开展的体育运动[①]。目前，对于户外运动，国内学术界尚未形成统一定义，其概念的边界与范畴仍在拓展。

根据国家登山运动管理中心的定义，户外运动是指在自然场地进行的一组集体运动项目，包括山地运动、峡谷运动、野外生存（含露营）以及荒漠运动[②]。但它不同于我国传统概念上的体育运动，栾开封、王莉认为"户外运动"是特指在野外或在自然场地进行的、与自然环境紧密结合的体育运动。马欣祥也认为，户外运动是指人们以人

[①]　孙永生. 户外运动相关概念辨析. 体育学刊 [J]. 2013, 20 (1): 57.
[②]　中国登山协会山地户外运动竞赛规则 [R/OL], [2013-03-11]. https: // cmasports.sport.org.cn/fgzc/jsgz/2013/0311/239013.html.

力或自然力，基于自然的环境开展的体育活动[①]。梁强教授从狭义上定义了户外运动，认为户外运动是一种带有探险挑战性质的运动，包括徒步及器械穿越、负重行军、徒手及器械攀岩、洞穴探险、峡谷运动、河湖横渡、定向、野外生存、拓展、溯溪、速降、漂流、野外生存、攀冰、山地滑雪、登山等[②]。这类定义强调，户外运动是一种以自然环境为条件的体育活动。

然而，随着户外休闲产业的不断发展，户外运动日渐成为一种新兴的社会时尚运动和健康的生活方式，其休闲功能被开发，人们对户外运动的认识也逐渐加深，部分学者从休闲和旅游的视角予以户外运动更多的含义。学者马金刚提出，户外运动是指回归自然的各种体育休闲方式，为了满足人们在身体、精神、认识自然界、人际交往及休息等方面的需要，在闲暇时间，借助旅游手段（旅行和行军）和运动方式（步行、滑雪、登山、骑自行车等），达到健身、运动、增长知识、研究地方志及完成专业任务等目的而进行的一种特别的社会活动。此外，学者李相如也在《休闲体育概论》一书中将户外运动纳入休闲体育的范畴，强调其旅游和休闲功能。这类定义强调：户外运动是以自然环境为背景的体育休闲与旅游活动，体育项目是休闲和旅游的方式。

由上可知，由于理解的角度不同，对户外运动的理解也不尽相同。总体来说，国内学界主要从狭义上来定义户外运动，在自然环境下开展的体育活动这一定义得到普遍的认可。然而，随着体育旅游和休闲产业的发展，户外运动展示出了生态功能、经济功能以及社会功能，以项目本身为视角的定义无法完全阐释户外运动的内含，因此对

---

① 马欣祥. 对户外运动概念的重新甄别与界定 [J]. 中国体育科技，2015，51（1）：141.
② 梁强，罗永泰，赵伟. 户外运动产业的需求挖掘与价值创新策略 [J]. 体育科研，2007（3）：34-36.

现代户外运动的理解也需要进一步加深，户外运动的概念也在不断发展中。

2）国外定义

国际上，户外运动的研究源于 20 世纪 70 年代。国内通常将"户外运动"翻译为"outdoor sports"，在国际上"outdoor sports"的范畴与我国广义上的"户外运动"定义基本一致，指在户外环境中开展的体育活动。而对于我国狭义上理解的"户外运动"，国外尚未有一个准确的词汇来对应，其对户外运动的表述比较丰富，主要有探险旅游（adventure tourism）、户外休闲（outdoor leisure）、户外体育活动（outdoor sports）、自然运动（nature sports）等。

在国外的早期研究中，对户外运动的理解为"人及其在自然环境中的活动"。国外学者主要从人与自然两个要素思考户外运动，因此人与自然便成为国外户外运动研究的两个重要领域。受多个学科的影响，国外户外运动的研究常常与社会学、心理学、地理学、政治学、经济学和管理学等学科结合，其相关研究呈现多样化特征，研究内容也因不同作者的兴趣和职业而存在很大差异。户外运动与休闲活动、旅游密切相关，研究的对象多为特定的主题，例如，自然空间、目的地开发、休闲、体育活动、旅游、参与人群等。

从某种意义上讲，户外运动来源于探险旅游（国内也翻译成冒险旅游）。国外对于探险旅游的研究主要从旅游经济、服务产品、旅游活动或旅游业务的角度开展。最受关注的是户外运动产品的价值创造、目的地开发、参与者的风险、身份形成以及通过探险旅游实践促进地方的生产和消费。

关于探险旅游概念的形成，国外学术界经历了一个发展的过程，也存在一些争论，主要从两个角度理解探险旅游，一个是产品（项目）的角度，另一个是哲学（人）的角度。总的来说，探险旅游是涵盖几乎所有类型的探险旅游活动的总称。

Weber（2001）指出探险旅游超越了特定的户外活动。美国学者巴克利（Buckley，2007）将探险旅游从广义上定义为需要导游、依赖自然地形特征的户外活动的商业旅游，这种旅游通常需要专门的设备，给旅游客户带来兴奋和刺激体验。这个定义从探险旅游的产品角度考虑。

美国探险旅游行业协会（ATTA）将探险旅游定义为一种旅行，这种旅行至少包括以下三个元素中的两个：体育活动、自然环境和文化沉浸。有34种类型的活动被认为是不同形式的探险旅游：考古探险、徒步、观鸟、露营、洞穴探索、攀岩、生态旅游、钓鱼、骑马、狩猎、皮划艇、定向越野、漂流、航行、潜水、滑雪、冲浪等①。从这些活动来看，探险旅游既包含需要专项技能的体育活动，例如攀岩，也包含休闲活动，如徒步、观鸟，它强调人与自然的关系。在ATTA的探险旅游范畴下，各种活动可能被混为一谈。为了进一步阐明探险旅游的特征，国外学者根据探险旅游的性质及环境，采取不同的形式对自然旅游与（户外）探险旅游做了进一步的区分。因此，在国外研究中探险旅游是指比一般自然旅游更具挑战性的旅游活动。

Pomfret（2006）和Varley（2006）则从哲学（人）的角度理解探险旅游，Pomfret强调了旅游的推动因素（例如逃避现实、生活方式的改变等），并与探险活动联系起来，突出探险游客的特异性。Varley则专注于构建探险旅游的模型，通过软（soft）硬（hard）探险旅游产品的商品化设计，对活动难易程度、参与者技能的熟练程度进行区分，构建了既包含令人放松的户外休闲活动

---

① OUTI RANTALA, ARILD ROKENES &JARNO VALKONEN.Is adventure tourism a coherent concept? A review of research approaches on adventure tourism［J］. Annals of Leisure Research，2018，21（5）：539-552.

（outdoor recreation），又包含具有挑战性的冒险活动的探险旅游体系[①]。总而言之，这种分类以人为中心定义探险旅游，户外运动项目只是探险旅游的形式，强调人在这种特定户外活动过程中的体验感。

因不同国家和文化对探险旅游概念的解释不同，其定义仍未形成共识。研究探险旅游领域内的各种本地化实践，通过本地化解决探险旅游的模糊性，是当前国际学界对探险旅游研究的主要方向。

探险旅游与户外运动既有联系，又有区别，它是参加户外体育运动或休闲活动方式的"旅游"活动，有别于户外运动强调"运动"自身，即关注运动过程中身体的状态、运动技术、户外运动装备、运动风险等，探险旅游更追求个人的价值感和体验感。

由此可以看出，尽管"户外运动"来源于欧美，但是对于概念的认识，国内外学者存在一定差异。国外学者多将户外运动纳入旅游的范畴进行研究，认为其只是探险旅游或者冒险旅游中的一种形式，并未将其视为一个特有的概念进行定义，因此出现一组相似的词汇都能理解为"户外运动"。随着国内体育旅游产业的迅速发展，这种认识也在逐渐影响国内学者，在旅游学与体育学的双重视角下，户外运动的基本概念得到进一步延伸。学者们从早期的运动项目认识，逐渐向体育旅游认识转变，户外运动的内涵也在不断丰富。

结合户外运动的概念内涵及演变历程，可将户外运动的特点归纳为以下三个方面：（1）户外运动的研究对象是在自然环境或者模拟自然环境中进行的体育运动，具有规则性、竞技性的特点。（2）户外运

---

① VARLEY，P. CONFECTING. Adventure and Playing with Meaning: The Adventure Commodification Continuum ［J］. Journal of Sport and Tourism，2006，11（2）：173‐194.

动是人与自然环境相互作用的过程，具有与自然环境的统一性。
（3）户外运动具有一定的冒险性和挑战性。基于以上分析，本研究
认为，户外运动是一种在自然环境或者模拟自然环境中进行的具有竞
技性、探险性和挑战性的参与性体育运动。户外运动具有体育旅游的
基本特征，但又区别于体育旅游，户外运动强调与自然环境的统一，
更强调探险性和挑战性。例如，带有休闲旅游性质的登山、徒步就应
该属于体育旅游或运动休闲的范畴，而带有竞技性、探险性的森林穿
越、徒步就属于户外运动。随着项目的产业化发展，户外运动项目也
在不断演化，例如攀岩项目，逐渐出现了户外攀岩和室内攀岩两个分
支，岩壁也分为自然岩壁和人工岩壁。

1.2.2 山地户外运动

山地户外运动，顾名思义就是在山地环境中开展的户外运动。对
于山地的范围，国内外有着不同的界定。山地一般是指高差较大，具
有一定坡度，连绵延伸、显著突出于周围地城之上的地貌形态（左大
废，1990）。在国外，Kapos 等（2000）基于海拔并结合坡度将山地分
为六个等级：①海拔>4 500 米；②海拔 3 500~4 500 米；③海拔 2 500~
3 500 米；④海拔 1 500~2 500 米，坡度≥2°；⑤海拔 1 000~2 500 米，坡
度≥5°或在 7 千米辐射范围内海拔>300 米；⑥被周围的山地包围的、
小于 25 平方千米的盆地和高原。联合国环境规划署世界保护监测中
心（UNEP—WCMC，2002）对山地的划分做了具体的规定：①海拔
300~1 000 米，相对高度在 300 米以上的区域；②海拔 1 000~1 500
米，坡度>5°或相对高度在 300 米以上的区域；③海拔 1 500~2 500
米，坡度>2°以上的区域；④海拔>2 500 米的所有区域。

在国内，南京大学等单位主编的《地理学辞典》认为，山地是许
多山的总称，由山岭和山谷组合而成。王明业等在《中国的山地》中

认为山地是具有一定海拔和坡度的地面。广义的山地包括高原、盆地和丘陵；狭义的山地仅指山脉及其分支[①]。赵松乔在《我国山地环境的自然特点及开发利用》中，将山地分为两类：①具有较高的海拔，一般大于 500 米，如超过 3 000 米则不论坡地还是平地均可称为高山及"山原"；②有一定的相对高度，相对高度超过 500 米的称为山地，不到 500 米的，专称丘陵[②]。

中国的山地分为四级：极高山（海拔 5 000 米以上）、高山（海拔 3 500~5 000 米）、中山（海拔 1 000~3 500 米）和低山（海拔 500~1 000 米）。中国登山协会参照以上标准对登山运动进行管理，将海拔 3 500 米以上的山地户外运动认定为高山探险运动。海拔 1 000 米以下的低山环境是目前社会中广泛开展山地户外运动的场景。根据《中国登山协会山地户外运动竞赛规则》，山地户外运动项目包括越野跑、山地车、划船等。随着山地户外运动产业的发展，越来越多的健身休闲项目也纳入山地户外运动项目中，例如徒步、滑雪、定向越野、登山等。

1.2.3　山地户外运动产业

自党的十六大以来，全民健身运动得到大力推广，群众参与健身的热情越来越高涨，山地户外运动产业是健身休闲产业的重要组成部分，是以自然山地环境为载体、以参与体验为主要形式、以促进身心健康为目的，向大众提供相关产品和服务的一系列经济活动，主要包括登山、徒步、露营、骑行、自然岩壁攀登、定向与导航等项目。2016 年，《山地户外运动产业发展规划》指出，大力发展山地户外运

---

①　王明业，朱国金. 中国的山地 [M]. 成都：四川科学技术出版社，1988：1-2.
②　赵松乔. 我国山地环境的自然特点及其开发利用 [J]. 山地研究，1983，1（3）：1-9.

动产业是满足人民多样化体育消费需求的重要途径①。山地户外运动产业是什么，包含哪些内容，这里将系统地对户外运动产业的内涵和外延进行界定。

1）山地户外运动产业的内涵

广义上的产业是指由企业组织生产和消费者进行消费所构成的一个系统（Porter，1980）；狭义上的产业是指微观经济细胞（企业与消费者）与宏观经济单位（国民经济）之间的一个"集合概念"，是具有某种同一属性的企业的集合（杨治，1985；苏东水，2000）。然而，现有的定义是基于工业时代的产品生产而提出的，产业的定义相对封闭。但随着新经济时代的发展，服务业在国民经济中的占比越来越大，目前，国内对山地户外运动产业的定义未达成一致，主要从消费性和功能性进行定义。刘朝明（2019）从产业功能的角度出发，认为山地户外运动产业是为满足人们对山地户外运动的需求而提供山地户外运动产品和服务的一切生产性经营企业和部门的集合②。

本研究认为，山地户外运动产业是以山地自然资源为依靠，通过提供户外运动产品与服务，满足消费者户外运动消费需求的综合性行业的总和。户外运动产品包括户外运动器材和户外运动旅游项目产品等，服务包括山地户外赛事服务、竞赛表演和训练服务等。山地户外运动产业具有文化性、经济性、综合性。山地是人类文化的主要发源地，因此户外运动的开展无一不与山地文化交融，以至于山地户外运动具有了文化的性质，山地文化是山地户外运动开展的基础和灵魂；山地户外运动产业的经济性，是指山地户外运动是以户外运动产品为对象，以参与者与经营者为主体，以货币为交换

---

① 国家体育总局，国家发展改革委，工业和信息化部等. 山地户外运动产业发展规划 [EB/OL]. [2016-10-21]. https://www.sport.quv.cn/n315/n330/c774631/content.html.
② 刘朝明. 山地户外运动产业发展研究 [M]. 成都：电子科技大学出版社，2019.

媒介的市场经济活动；综合性是指山地户外运动产业是以满足户外运动参与者需求为目的，以提供户外运动服务为主体，以体育旅游经济活动为基础的综合性经济活动。

2）山地户外运动产业的主体

企业是产业的主体，企业的行为直接决定着产业的演化与发展。山地户外运动产业包括山地户外赛事、山地户外运动营销服务、山地户外基地、互联网运营平台、户外装备生产等。目前，山地户外运动市场主体主要有三类。

第一类是公共机构。公共机构是指全部或者部分使用财政性资金的国家机关、事业单位和团体组织，主要包括体育局、文化和旅游局等行政管理部门，其主要职责是在法定的授权下，依法管理社会公共事务，提供公共产品，服务社会公众。通常来说，在我国，公共机构是指代表国家利益的政府机构。上文提到的中国登山协会以及各地方的登山协会虽然属于具有民事主体资格的社团法人，但根据《中华人民共和国体育法》的授权，它们负责对全国户外登山运动的管理，拥有行政管理权，代表着国家利益。因此，在这里我们认为中国登山协会以及各地方的登山协会属于公共机构范畴。目前，在山地户外运动的赛事产业发展中，由于自然资源、场地资源仍由政府部门管理，因此公共机构仍然是山地户外赛事市场的重要主体。

第二类是户外运动企业。体育企业包括户外运动装备生产企业和户外运动赛事公司或俱乐部两类。天眼查专业版数据（2020）显示，我国共有8.79万家企业名称或经营范围包含"攀岩、登山、户外运动"且状态为在业、存续、迁入、迁出的企业（以下简称"户外运动相关企业"）。其中，据不完全统计，经营范围涉及"户外运动用品"的户外运动相关企业有5.01万家，占户外运动相关企业总数的57%。这些企业对山地户外运动产业发展起着非常重要的作用。

一系列品牌体育赛事的开展，带动了全民运动的热潮，为户外装备产业发展奠定了坚实基础。据中国登山协会相关数据，2018 年中国泛户外运动人群达 1.45 亿人，占运动人群的 33%。2018 年中国户外用品零售总额达到 249.8 亿元，同比增速为 2.10%，出货总额 141.2 亿元，同比增速为 2.38%。户外运动赛事公司或俱乐部是赛事活动的组织者，也是赛事活动的参与者，为户外赛事提供专业的赛事策划、服务与运营。

第三类是参与山地户外运动的个体。个体是山地户外运动产业发展的新生力量。随着人们社会生活的进步和社交媒体网络的普及，山地户外运动作为一项时尚健康的户外体育运动吸引了更多中青年爱好者参与。山地户外运动甚至改变了一批爱好者的生活方式，他们参加各类户外运动，在社交媒体中通过直播、图片展示等方式开拓人们对山地户外运动的认识，他们既是参与者，又是推广者，对山地户外运动在社会中的开展发挥着重要的作用。

3）山地户外运动产业的特征

由于山地户外运动在风景秀丽的自然环境中开展，吸引了越来越多的人参加，作为一个新兴的业态，逐渐拓展了旅游体验内涵，其休闲性和体验性也不断增强，因此，山地户外运动产业具备了体育旅游的基本属性。但是山地户外产业除了具有体育旅游的综合性、适应性、体验性等特征，还有显著的生态性、可持续性、地域性、和融合性特征。

（1）生态性。山地户外运动的生态性主要表现在参与者与自然环境的互动过程中。由于山地户外运动主要开展在大自然中，参与者与自然"零距离"接触使得人与自然之间的交流更为密切，人与自然的生物体构成相对稳定的自然体，体现出生态的平衡。这种生态的平衡使山地户外运动与自然生态环境形成一种相互制约、相互影响的关系。户外运动可能会对自然生态环境造成负面影响，而生态环境的改善会吸引更多的户外运动参与者。因此，山地户外运动的开展需要通过动态的调节才能实现生态的平衡。这对山地户外运动产业的效益会有一定影响，例如，山地自然资源的变化导致山地运动形成淡季和旺季，在旺季如何通过活动的组织、参与者的教育，控制户外活动的数量来避免自然资源的过度消耗，在淡季如何减少因设施闲置造成的维护成本增加等，是我们需要思考的。在维持生态平衡的前提下，有效提升山地户外产业的效益是山地户外产业的重要目标。

（2）可持续性。上文提到"可持续性"是21世纪山地研究的重要内容之一，对于山地户外运动产业而言，可持续性的目标就是在为大众提供高质量的户外休闲活动环境的同时，改善山区居民的生活条件，并在发展中保持和增强环境、社会和经济的未来发展机会。

（3）地域性。山地户外运动的开展高度依赖自然环境，我国山脉纵横，丘陵起伏，地形地貌多样，因此山地户外运动的开展也具有较强的地域特征。例如，新疆的沙漠徒步运动、东北的滑雪运动，贵州、广西的攀岩、探洞运动，长江流域的山地漂流运动等。发挥自然资源优势是户外运动产业开发的重要途径。

（4）融合性。山地文化是中华传统文化的重要组成部分，但大部分山区也是社会经济欠发达的地区，因此，山地户外运动产业的开展在我国被赋予更多的社会和经济职责。与传统文化相结合的户外运动赛事活动，如太行山、徐霞客古道户外线路群，西安至成都的秦汉、三国的文化骑行线路等都是体育运动与传统文化相结合的典型案例。此外，户外运动与山区旅游业、农业的融合，推进了山区精准扶贫工作，凸显了山地户外运动产业的融合性特征。

1.2.4　生态环境

在我国，"生态环境"一词最早出现在1982年第五届全国人大第五次会议上，由时任全国人大常委会委员、中国科学院地理研究所所长黄秉维院士提出，会议接受了这一提法。最后形成了《中华人民共和国宪法》第二十六条：国家保护和改善生活环境和生态环境，防治污染和其他公害。政府工作报告也采用了相似的表述。由此，"生态环境"一词一直沿用至今。

生态环境包含"生态"和"环境"两个概念。1866年，"生态学"一词由德国生物学家海克尔（E.Haeckel）首次提出，不同学者学者给生态学下过不同的定义，海克尔综合百家之见，给生态学下了一个简明的定义：生态学是研究生物体与其周围环境相互关系的科学。生态学属于宏观综合方向发展的范畴，从研究生物个体开始，分别研究个体、种群、群落、生态系统，并形成相应的不同层次的生态学科。后来，研究重心转移到生态系统生态学以及生态圈生态学。生态系统是一定空间内生物和非生物成分通过物质循环和能量流动，在自然界中构成一个相对稳定的自然体。生态系统的基本概念思想是整体观，它把有生命的成分和无生命的成分看作相互作用的整体，任何生物群落与其环境组成的自然体，都可看作生态系统，如森林、草原、荒漠等①。生态系统是生物圈的基本单位，在地球上凡有生命的地方，都属于生物圈的范畴。

环境学中，环境一词是指主体或研究对象以外，且围绕主体、占据一定的空间、构成主体生存条件的各种外界物质实体或社会因素的总和，是生命有机体及人类生产和生活活动的载体②。环境可

---

① 卓正大，张宏健. 生态系统 [M]. 广州：广东高等教育出版社，1991.
② 王祥荣. 生态与环境：市可持续发展与生态环境调控新论 [M]. 南京：东南大学出版社，2000.

以理解为人类生活的外在载体或围绕着人类的外部世界。人类环境包括自然环境和社会环境。自然环境又称为地理环境，即人类周围的自然界，包括大气、水、土壤、生物和岩石等。地理学把构成自然环境总体的因素划分为大气圈、水田、生物圈、土壤和岩石圈。社会环境指人类在自然环境的基础上，为不断提高物质和精神文明水平，在生存和发展的基础上逐步形成的人工环境，如城市、乡村、矿区等。《中华人民共和国环境保护法》则从法律角度对环境下了定义："本法所称的环境是指影响人类生存和发展的各种天然的和经过人工改造的自然因素的总体，包括大气、水、海洋、土地、矿藏、森林、草原、野生生物、自然遗迹，人文遗迹、风景名胜区、自然保护区、城市和乡村等。"本研究的环境主要指自然环境。

由此可见，生态与环境既有区别又有联系。生态偏重于生物与其环境中非生物的相互作用，更多地体现出系统性、整体性。而环境强调以人类生存发展为中心的外部因素，更多地体现为为人类社会的生产和生活提供的广泛空间、充裕资源和必要条件。

生态环境是指影响人类生存与发展的自然资源与环境状况的总称，包括水资源、土地资源、生物资源以及气候资源的数量与质量，是关系到社会和经济持续发展的复合生态系统。从内涵上来看，生态环境不同于自然环境，一种自然环境如果和特定人群或生物没有直接或间接的作用关系，就不是这类人群或生物的生态环境。比如没有人烟和生物的沙漠是自然环境，热带雨林不是北极熊的生态环境，冰川不是鱼类的生态环境。

生态环境研究的基本理论包括可持续发展理论和环境容载力理论。可持续发展是指既能满足当代人需要，又不对后代满足其需要的能力构成危害的发展。环境容载力是环境容量与环境承载力两个

概念的结合和统一，是自然环境系统在一定的环境容量和环境质量
支持下对人类活动所提供的最大的容纳程度和最大的支持值。简言
之，环境容载力是指自然环境在一定纳污条件下所支撑的社会经济
的最大发展能力①。

本研究中的生态环境是生态环境的主体部分，即人类生态环境，
它是环境中与人类的生存发展最直接相关的那部分环境。

1.3　基础理论

1.3.1　马克思、恩格斯生态观

生态学的研究可以追溯到 17 世纪中期，是指对生物及其环境的
研究。1866 年，德国科学家海克尔在《生物体普通形态学》中首次
提出"生态"的概念。他指出，生态是一个生物群落与其他生物群落
的关系，以及与生态环境的关系。1935 年，英国学者坦斯勒提出
"生态系统"的概念，随着生态学的不断发展，生态学研究的重点由
以生物界为中心转向了以人类社会为中心，马克思、恩格斯的生态思
想是生态自然观的理论来源，也是新时代习近平生态文明思想的理论
基础。

1）人与自然的辩证关系

马克思、恩格斯在对黑格尔、费尔巴哈等思想进行批判的基础
上，提出了科学的人与自然辩证关系理论，揭示了人与自然关系的本
质。面对在社会发展中产生的生态环境问题，马克思、恩格斯曾试图
揭露造成环境污染问题的根源。他们认为在资本主义的生产方式下，

---

① 张清宇，欧晓理，孟东军.《"一带一路"生态环境合作机制研究 [M]. 杭州：浙
江大学出版社，2017.

不合理的社会制度是环境问题产生的根本原因，进而提出共产主义社会是实现人与自然和谐的最终归宿。

首先，马克思认为"人本身是自然界的产物"①。他认为自然界始终遵循着自身特有的生成和发展规律，不以人的意志为转移，人与自然之间"不是说自然界同自身相联系，因为人是自然界的一部分"自然界的有机物从低等动物的产生到脊柱动物的发展，都是自然演化的结果②。

其次，马克思认为人不仅仅产生于自然界，同时也依赖于自然界。自然界为人类提供了生存环境，人类生存与发展所需的能源、水、土地等资源全部来自自然界，人类一旦离开了自然界，生命就无法维系，社会也无法发展。不仅人类所需的物质基础都来自自然界，甚至精神财富的创造能力也来自自然界。人类要想过精神富足的生活，就必须保护好自然。

最后，马克思、恩格斯指明了人与自然的和谐共存关系。他们认为，一方面，人类通过不断地实践创造改造自然界，尤其是工业革命之后，人类改造自然的能力极大增强，人类对自然的影响越来越大。另一方面，不断演化的自然界也在影响着人类的生存环境和发展空间，制约着人类的行为。这意味着只有人类努力保护自然、爱护自然，才能维护人与自然和谐共存的关系。

2）物质变换理论

马克思在《资本论》中引入了德语"Stoffwechsel"一词来描述人和自然之间的物质变换过程，表达了生物与自然环境之间进行的以物质、能量和信息交换为基本内容的有机联系。

---

① 马克思，恩格斯. 马克思恩格斯选集：第3卷 [M]. 中共中央马克思恩格斯列宁斯大林著作编译局，译. 北京：人民出版社，1995.
② 马克思，恩格斯. 马克思恩格斯文集：第1卷 [M]. 中共中央马克思恩格斯列宁斯大林著作编译局，译. 北京：人民出版社，2009.

他指出，物质变换包括自然界自身的物质变换、人与自然的物质变换、人与人的物质变换三个部分。物质变换理论提出了实现人与自然共存的根本出路和重要途径。

马克思、恩格斯认为物质变换存在两个方面：一方面是人对自然的认识、利用和改造，另一方面是自然对人的影响和制约。人类劳动创造了人与自然的物质转换过程，而自然界又为人类提供了物质转换的条件，一般情况下，这种物质变换会周而复始地持续下去，大自然也能够维持一种平衡状态。但是，随着工业革命的推进，人与自然之间的物质变换过程出现了"裂缝"，即各种污染所带来的生态破坏，造成土地、水源被污染，气候变暖等，"裂缝"打破了正常的物质变换的平衡。在这种情况下，单纯依靠自然界的自我调节难以恢复正常的生态平衡，需要人类主动担起生态系统调节者的责任，通过改造自然的实践活动，调节人与自然之间的物质变换过程，实现物质变换的良性循环。

在物质变换理论中，马克思提出"人创造环境"的思想，认为实践是推动人与自然和谐的重要中介。通过对劳动实践进行深入探究，阐明了人在与自然发生关系的过程中，形成人与自然的关系的思想理论。

3）资本主义生态危机

马克思认为资本主义社会产生的环境问题是由资本主义生产方式造成的，他从资本主义的生产方式和制度层面揭示了资本主义生态危机的本质，并指明了解决危机的社会发展方向。

马克思指出"资本只有一种生活本能，就是增殖自身，创造剩余价值"[①]。这就意味着资本家为了榨取更多的剩余价值，会不断地增

[①] 马克思，恩格斯. 马克思恩格斯文集：第5卷 [M]. 中共中央马克思恩格斯列宁斯大林著作编译局，译. 北京：人民出版社，2009.

加生产，增加对自然环境的破坏。在资本家眼里，自然界的所有物质都是商品，树、矿产、水、土地和动物等，都可以被加工、制作生产成为可供交易的商品，从而获取最大的商业利润。原本平衡的人与自然的关系就被打破，必然造成资本主义生态危机。

在资本主义制度下，人与自然的关系发生了根本性变化，人成为自然的征服者，忽略自然的发展规律，任意开发自然资源，使用自然界的所有物质。资本主义越发展，对自然资源的剥夺就越多，人与自然的矛盾也就越突出。

马克思、恩格斯生态观是极其丰富而深刻的生态思想。它树立了保护自然、尊重自然、顺应自然的生态理念，提出人与自然和谐一致的思想，并提出实现人与自然协调发展的重要途径，奠定了可持续发展理念的基础。

1.3.2 习近平生态文明思想

改革开放以来，我国工业实现跨越式发展，并成为世界第一工业制造大国。然而，工业化和城市化程度的加深，对我国的环境造成了巨大压力。工业废气、废水和废物的排放不仅污染了空气和水源，更对生态系统造成了破坏。此外，经济的快速增长也对自然资源和能源产生了巨大的消耗，煤炭、石油等燃料的消耗加剧了气候变化，森林砍伐加速了生态系统的退化。为了应对环境污染严重、生态系统持续被破坏对我国社会、经济、民生产生的不利影响，实现中华民族伟大复兴的历史使命，邓小平、江泽民、胡锦涛等党和国家领导人深化可持续发展理念，提出生态环境保护思想。

习近平生态文明思想是习近平新时代中国特色社会主义思想的重要内容，是马克思主义基本原理同中国生态文明建设实践相结合、同中华优秀传统生态文化相结合的重大成果。党的十八大把生态文明建设纳入中国特色社会主义事业"五位一体"总体布局，表明中国共产党从全局和战略高度解决日益严峻的生态矛盾的决心。

1）生态发展观

党的十八大以来，习近平总书记面对新形势下传统工业化发展模式带来的生态环境问题，提出新时代中国建设生态文明、走绿色发展道路，首次将"生态文明建设"作为引领国家经济发展的重大战略决策。绿色发展是准确把握我国经济社会发展阶段性特征的科学发展理念，是习近平生态文明思想的核心理念，绿色惠民、绿色富国、绿色承诺是绿色发展观的三大思路。

习近平总书记认为，绿色发展观有别于传统发展思想，绿色发展是发展观的革命。它是以人与自然和谐为价值取向，将资源环境要素纳入经济发展指标的可持续发展观。它将生态、社会与经济共同视为文明进步不可或缺的重要因素。

（1）生态生产力理念

在对资本主义生产方式深入研究后，马克思和恩格斯深刻认识到自然生产力的社会财富性质。马克思和恩格斯认为自然生产力既包括风、水、蒸汽、电力、土地、空气等，也包括天然的自然条件。他们认为，自然生产力是社会生产力发展的基础。持续无止境地开发、利用自然会造成自然资源过度消耗、水资源污染、气候变暖等一系列生态危机。生态危机既破坏了自然生产力，也严重破坏了社会生产力的根基。

习近平总书记总结了马克思自然生产力的循环发展思想，将马克思主义自然生产力理论同我国实际情况相结合，提出"绿水青山就是金山银山"的理念，强调"保护生态环境就是保护生产力，改善生态环境就是发展生产力"[①]的绿色生产力理念。习近平总书记提出的

[①]　中共中央关于党的百年奋斗重大成就和历史经验的决议［N］. 人民日报，2021-11-17.

"两山"理念深刻揭示了经济发展与自然保护之间辩证统一的关系，保护生态环境就是保护生产力，改善生态环境就是发展生产力。"两山"理念从时代发展的角度看待生态环境问题，通过建设生态经济体系，推动传统农业和工业产业高端化和绿色化发展，从而促进经济高质量发展。

生态生产力理念是习近平总书记站在全球生态治理的高度提出的。面对世界各国生态治理主体的利益冲突与矛盾，习近平总书记提出全球生态治理的纯公共产品特质，无论是发达国家，还是发展中国家在发展生产力时，都不应以破坏自然资源为代价。全球生态环境的整体改善需要世界各国共同努力，当下应对气候变化、维护能源资源安全，是全球面临的共同挑战。

（2）绿色福利理念

良好的生态环境是人和社会持续发展的基础，也是中国人民的核心利益。习近平总书记2013年在海南考察时提出："良好生态环境是最公平的公共产品，是最普惠的民生福祉。"[①]现阶段，我国社会的主要矛盾已转变为人民日益增长的美好生活需要和不平衡不充分的发展之间的矛盾。优美的生态环境作为美好生活的重要方面，也成为解决社会矛盾的重要因素。

随着社会经济的发展和人民生活水平不断提高，生态环境对人们生活幸福指数的影响越来越大，生态环境问题逐渐成为一个重要的民生问题。2018年习近平总书记提出"发展经济是为了民生，保护生态环境同样也是为了民生"，把优美的生态环境作为一项基本公共服务，使人们在享受经济高质量发展红利的同时，过上更健康、更幸福的美好生活。

---

① 中共中央宣传部. 习近平总书记系列重要讲话读本［M］. 北京：学习出版社，人民出版社，2014：123.

（3）绿色发展与文明的辩证统一

良好的生态环境是人类文明发展的环境和物质基础。2022 年习近平总书记在《生物多样性公约》缔约方大会开幕致辞中提出："生态兴则文明兴，生态衰则文明衰。生态环境是人类生存和发展的根基，生态环境变化直接影响文明兴衰演替。"①纵观人类发展历史，古埃及、古巴比伦等文明都起源于气候湿润、土地肥沃、水源充足、生态良好的地区，历史证明"生态兴"是孕育人类文明的根基。自然生态与人类文明之间的关系，深刻揭示了两者命运与共、兴衰相依的规律。习近平总书记在党的十八大报告中强调"生态文明建设是关系中华民族永续发展的千年大计"。

2）美丽中国建设

美丽中国建设是我国构建生态文明体系的一项重要内容，也是全面建设社会主义现代化国家的重要目标。"美丽中国"被纳入"十三五"规划，将生态文明建设融入经济建设、政治建设、文化建设、社会建设各方面和全过程，成为中国建设"五位一体"格局的重要依据。

（1）生态文明建设新格局

习近平总书记在党的十九大报告中指出"我们要建设的现代化是人与自然和谐共生的现代化""要牢固树立社会主义生态文明观、推动形成人与自然和谐发展现代化建设新格局"。

在战略层面上，以建设人与自然和谐共生为主线，通过高水平的环境保护措施，坚持发展新动能，着力绿色低碳转型，调整经济结构、发展方式和生产方式，构建绿色低碳循环经济体系。在生态空间上，实施生态功能区划分，根据生态保护区的主体功能将其划分为重

---

① 习近平关于社会主义生态文明建设论述摘编［M］. 北京：中央文献出版社，2017：39.

要生态功能区、生态环境敏感区和脆弱区，从布局和结构上守牢生态环境底线。在推进生态文明治理体系上，首先提升协调能力，解决城乡之间、区域之间、经济社会发展与生态环境保护之间的关系，将生态文明建设作为各领域共同推进的整体性事业。其次，提升绿色科技创新能力。通过研发绿色科技与高效管理来革新传统农业和工业的发展模式，建立绿色技术应用和推广机制。最后，提升协同决策能力。由负责生态环境管理的政府机关和部门制定保障社会、经济和生态协调发展的规章制度，政府部门不仅是生态保护的决策者，也是环境治理的参与者。

（2）生态文明建设的保障机制

健全的生态文明制度体系是美丽中国建设的根本保证。习近平总书记强调："只有实行最严格的制度、最严密的法治，才能为生态文明建设提供可靠保障。"党的十八大以来，中国着力构建系统完整的生态文明制度体系，生态环境法律和制度建设进入了立法力度最大、制度出台最密集、监管执法尺度最严的时期，为推动生态环境保护发生历史性、转折性、全局性变化提供了制度保障。近十年来，我国相继颁布和实施了《中央生态环境保护督察整改工作办法》《生态文明建设目标评价考核办法》《生态保护红线生态环境监督办法（试行）》《排污许可管理条例》《生态环境损害赔偿管理规定》等一系列规章制度，"四梁八柱"性质的制度体系基本形成。

1.3.3　体育生态学与休闲生态学

体育运动与自然有着密切的联系。19 世纪末，西方学者以环境伦理学的形式展开了对人和自然关系的思考，20 世纪 20 年代出现了人类生态学的概念，学者们运用生物学、地理学、人类学、人口学、经济学、社会学等理论研究人与环境的关系。20 世纪 90 年代，学者开始探索体育产业对自然环境的影响，研究体育运动的可持续发展问题。为了更深入地研究体育、自然环境以及两者之间的关系，McCullough 等人提出了体育生态学（Sport Ecology）的概念。体育生态学、休闲生态学等学科逐渐形成。

1）体育生态学

体育生态学是研究体育、自然环境以及两者之间的关系的学科[①]。这里"体育"的范畴较为广泛，既包括体育行业部门，又包括参与体育运动的特定人群，如运动员、教练、经理、体育迷、体育产品供应商等。而与体育生态学研究范畴类似的还有体育可持续发展研究、"绿色体育"研究等。从研究范畴上来看，体育可持续发展研究更为广泛，包含文化、社会或经济的可持续性。而"绿色体育"无法准确表达可持续性的含义。体育生态学作为生态学的一个分支，更关注自然环境与体育的关系，该学科从生态学的视角研究体育的发展，相关研究还扩展到休闲生态学等学科中。

纵观体育生态学的研究历程，主要集中在体育对环境的影响，以及环境对体育的影响等方面。体育对环境的影响研究主要集中在测量环境影响，减少体育赛事和基础设施对自然环境的影响，或运用体育来促进积极的环境变化（例如，通过灌输环境知识促进球迷的环境行为改变）。环境对体育影响的研究主要集中在气候变化等全球问题如何影响各个层面的体育发展。

体育对环境影响的研究主要集中在两个领域。第一个领域是评估与观众活动相关的环境影响。Kellison（2018）运用生态足迹和环境输入—输出分析两种不同的方法对英国足总杯、六国橄榄球赛和环法自行车赛进行研究。Locke（2019）进行了类似的研究，他发现参加

---

① MCCULLOUGH. Sport Ecology: Conceptualizing an Emerging Subdiscipline within Sport Management [J]. Journal of Sport Management, 2020: 34.

美国职业棒球大联盟比赛对当地空气污染的影响"统计上显著，但微不足道"。第二个领域是体育参与的碳足迹影响研究。Wicker（2019）对德国成人运动参与者进行了广泛的研究，研究表明户外运动比团队运动参与者有更大的碳足迹。此外，参加个人项目的运动员的环保意识显著降低了他们的碳排放量。

2）休闲生态学

休闲生态学始于20世纪60年代初，从某种意义上来说，休闲生态学是体育生态学的分支，研究侧重点在户外休闲运动与生态环境的关系。

休闲生态学通常被定义为研究与游客活动相关的生态变化，包括影响因素在自然和半自然地区的作用（Liddle，1997；Monz等，2010）。这个定义将游客对自然的影响作为休闲生态学的科学研究范畴，包括旅游和休闲体育活动对自然环境的影响研究，以及生态管理研究。休闲生态学主要考察徒步旅行、露营、骑自行车、皮划艇和滑雪等不同的休闲活动对各类型的环境造成影响的程度，如沿着特定户外步道或自然小径前往目的地对生态环境的影响。该学科致力于深入了解游客影响环境的所有因素的作用和机制，从而制定可持续的管理补救行动策略。

休闲生态学研究起源于美国和澳大利亚，旨在了解游客、休闲主义者与环境之间的关系，研究如何改善游客体验，将可持续资源使用与可持续游客体验发展结合起来。学者们以环境和社会科学为理论基础，运用定性与定量的综合研究方法展开研究，还引入了一些概念性模型，描述了特定活动，例如，滑雪、骑自行车及其由此产生的生态影响之间的关系。该领域一个标志性研究是测量户外休闲活动对美国加利福尼亚州红杉森林公园的影响（Menek，1928）。在过去二十年的研究中，大多数学者主要关注特定的陆地休闲活动及其影响，特别是与徒步旅行、骑自行车和野生动物观赏有关的休闲活动的影响，主要研究休闲活动对植被的影响，包括植被覆盖度的减少，高度和物种组成的变化，以及非本地物种的引入和传播。而由于参与人数较少，对于水上的休闲活动，如漂流、潜水的研究也较少。

1.4 研究思路和研究方法

1.4.1 研究思路

以新发展理念赋予山地户外运动产业与生态环境协调发展为理论起点和逻辑主线，力图促进山地户外运动产业的绿色发展，以解决山地户外运动产业发展与区域生态保护冲突的问题。具体研究思路如图1-1所示。

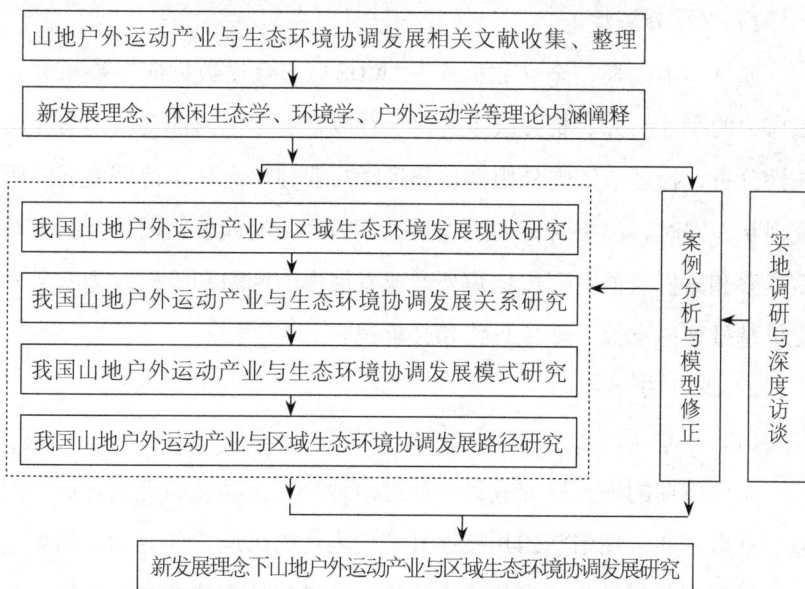

图1-1 山地户外运动产业与区域生态环境协调发展研究技术路线

（1）基础理论阐释。对国内外山地户外运动发展的文献进行研究，完成前期资料的准备。对休闲生态学等理论进行深度把握，明确其定义、含义、特征等。

（2）实证调查。通过对我国山地户外运动产业发展情况的实地考察，针对山地户外运动参与者、管理者等不同对象开展调查和访谈，准确把握我国目前山地户外运动产业发展与生态环境协调发展特征与现实障碍。

（3）机制分析。在现状调查研究基础上，深入剖析我国山地户外运动产业发展与生态环境保护之间的内在机制。结合文献分析和实证调研的成果，构建山地户外运动产业与生态环境协调发展模式，并提出协调发展路径。

1.4.2 研究方法

1）文献分析法

通过"中国期刊全文数据库""WOS核心合集数据库"等重要文献库中的学术研究、相关政策文件、行政管理部门内部资料，展开历史性分析，梳理了国内外山地户外运动产业与生态环境协调发展的研究现状，同时，注重对休闲生态学等相关理论的理解，以可持续发展观考察和分析当前我国山地户外产业发展中的问题和障碍，为本研究提供基础理论支撑、整体思路和分析视角。

2）调查法

（1）问卷调查法

结合前期的理论研究成果，针对山地户外运动参与者设计调查问卷，选取湖北、湖南、四川等地具有代表性的山地户外运动目的地进行实地调查，对参与神农架徒步的爱好者进行地方依恋和亲环境行为调查，研究山地户外运动参与者地方依恋与亲环境的内在关系。

（2）访谈法

利用参与山地户外赛事机会，对山地户外运动组织或俱乐部管理者、当地政府相关职能管理者、山地户外运动参与者、当地居民进行深度访谈，对我国山地户外产业发展问题进行深度访谈。

3）综合分析法

（1）分析归纳法

由于休闲学和休闲生态学尚未形成理论体系，在浩瀚的文献中寻找山地户外可持续发展的理论依据就十分重要，结合马克思的休闲思想，从国外分散的理论研究中提炼出休闲生态学的理论内核和精神实质。

（2）系统分析法

山地户外运动与生态环境协调发展研究涉及经济、社会、政治、文化等诸多领域，运用到体育学、社会学、生态学、管理学、心理学等众多学科的知识，是一项系统工程。因此，要突破单一思维框架，从多角度、多层面对其进行系统研究。

4）数理统计法

对文献资料、研究报告、统计年鉴、访谈及回收问卷的相关数据采用Excel和SPSS17.0软件进行量化统计处理。

2

研究现状

2.1 国内研究现状

2.1.1 山地户外运动发展研究

山地户外运动资源开发、山地户外运动发展模式、山地户外运动赛事等是山地户外运动发展研究的主要内容。山地户外运动资源的开发是学者最早关注的热点，也是山地户外运动开展的基础。张小林（2007）等提出以品牌赛事来开发户外运动资源，通过市场开发和营销策划形成聚集效应，从而形成优势的资源平台；秦芳（2014）认为应在坚持户外运动资源保护原则的基础上，结合自然保护区资源开发的特殊要求进行户外运动资源的开发。

在户外运动资源开发的基础上，学者们进一步对山地户外运动的发展模式进行了探索，不同的山地环境、人文环境，其发展模式也不尽相同。体旅融合模式是推广较普遍的模式，即利用优势的旅游资源，结合体育项目发展山地户外运动，这里的旅游资源既包括文化资源，也包括旅游环境资源。例如，李小兵（2013）提出以当地旅游资源与体育融合发展的模式推动户外运动旅游的发展；王全昌（2015）提出以文化为灵魂、项目为支撑的山地户外运动发展模式。另外，刘梦怡（2014）提出发挥政府主导优势，依托高校推广山地户外运动赛事的发展模式。针对少数民族山区的户外运动发展；殷治国（2017）等提出山地户外运动与民族传统体育融合发展模式。从山地户外运动发展模式的相关研究来看，旅游与山地户外运动的融合是主要的发展方向。

随着山地户外运动的迅速发展，其产业形态逐渐凸显，尤其是四川、贵州、广西、湖北等山地资源丰富的地区，山地户外产业发展较快，同时也暴露出一些问题。张油福（2013）等发现贵州发展山地户外体育旅游休闲产业的内部优势大于内部劣势，山地户外体育旅游休闲产业所面临的机遇大于外部威胁；高民、唐尧（2016）认为贵州山地户外运动的发展存在管理体制不健全、专业人才缺乏、配套设施不完善、统一行业规范缺乏等问题。伍秋萍（2015）、杨丽芳（2016）等学者对四川地区山地户外运动开展情况也进行了深入的研究，发现四川地区山地户外运动存在基础设施不完善、观念滞后和政府不重视等问题。伍秋萍（2015）、龚剑（2020）对四姑娘山开展户外运动进行了分析和阐述，提出景区应整合资源，借鉴体育旅游的运营和管理经验。

山地户外运动赛事运营是山地户外运动发展的主要内容之一。张雨（2011）明确了山地户外竞赛体系和基本特征，对山地户外运动赛事组织理论、环境与战略进行梳理。夏欢（2012）对武隆国际山地户外运动公开赛的组织历程和运营经验进行了归纳，认为"小城办大赛"模式值得推广，对赛事人力资源的培养、高水平赛事管理能力的提高以及赛事品牌营销提出了建议。冯睿（2014）对武汉黄陂木兰山登山节暨全国山地户外运动挑战赛进行了研究，认为人力资源、赛事管理等方面是阻碍我国山地户外赛事发展的主要因素，构建出我国山地户外运动赛事商业化运作可持续发展的模型与方案。

针对我国山地户外运动的开展现状，张油福（2013）等提出了应合理规划，突显特色，完善基础设施；加强生态保护、强化、健全管理、安全保障服务体系；整合资源优势，发挥优势互补，协同发展的建议与对策，以期为山地户外体育旅游休闲产业的发展提供参考。

余志勇（2014）等提出了山地户外运动发展策略：山地户外运动发展应坚持编制专门规划、设计主题产品、出台专门法规、加强管理、完善配套设施、加强区域合作。丁玉圆（2020）等提出，可通过提高政府主导地位、培养专业人才、保护生态环境等路径发展山地户外运动。

2.1.2 山地户外运动产业研究

陈然（2011）等认为应充分发挥政府在户外运动市场上的宏观调控职能；李军（2011）提出通过合理开发构建竞赛体系、加大宣传、统筹规划等方式提高山地户外产业核心竞争力；谢英（2012）等提出通过区域一体化培育山地体育产业空间布局及产业链的新路径；陈强（2013）等认为山地户外运动产品服务和供给不足、经济环境较差、地理位置影响、管理理念和人才培养机制落后是制约贵州山地户外运动产业发展的主要因素；罗锐（2018）对山地户外运动特色小镇产业开发进行了研究，他提出打造"特、众"的山地户外运动服务体系、发展多产业融合、构建品牌赛事活动与建设智慧体育旅游网络信息平台等山地户外运动特色小镇产业开发策略。

2.1.3 山地户外运动教育研究

在山地户外运动发展的研究中，学者们大多提出了专业人才资源不足的问题，我国对于山地户外运动人才的培养主要依托户外运动课程，而针对山地户外项目的专项人才培养较少。杨汉（2005）等提出户外运动专业应以专业知识为基础，以培养实践能力为主导，突出综合素质和职业素质培养，校内学习和校外实践并行；邓万里（2018）等提出应根据山地户外项目的特点，通过建立实践基地保证校企合作的实施，强化山地户外运动培训工作，搭建综合能力职业素养平台；温杰（2017）等提出通过企业参与办学的方式提高山地户外运动专业人才的培养；张剑（2017）以沈阳体育学院为例，分析了山地户外运动课程的专项课程目标和课程内容，提出将专项技能与实习岗位和就业岗位3个目标合为1个的山地户外人才培养模式。

2.1.4　山地户外运动风险研究

随着山地户外运动的开展，参与人数增加，由户外运动带来的风险也逐渐受到社会的关注。姜梅英（2013）提出我国山地户外运动应以风险管理机制和法律体系为基础条件，完善山地户外运动的管理体制和健全山地户外运动法律体系；陶宇平（2012）认为应建立和完善登山户外风险管理机制；彭召方（2017）等通过研究我国山地户外运动风险，构建了山地户外运动风险评价指标体系与预警系统；程蕉（2013、2014）则从法学的角度探讨了户外运动的风险管理，提出设置独立的户外运动监督和管理机构，对户外运动进行分类管理；刘华荣（2017）运用风险应对策略对高校户外运动风险因素进行梳理，提出学生、教师、气象条件、社团负责人是高校户外运动的主要风险源，并建议构建高校户外运动风险防控体系。

2.1.5　山地户外运动与生态环境协调发展研究

国内关于户外运动与生态环境协调发展的研究成果较少，散见于对体育旅游与生态环境保护关系的研究。鲍明晓（2011）等、盛建国（2019）等提出生态保护与户外运动资源开发一体化建设理念。廉玲（2018）、麦少颜（2020）通过逻辑思辨，解析生态文明建设与户外运动之间的互动关系。刘冬梅（2019）等提出户外运动与生态环境协同发展对策。刘华荣（2016）从生态治理视角分析户外运动对于生态环境的破坏因素。黄恬恬（2012）提出山地户外运动与生态环境保护之间存在现实的矛盾，需要树立山地户外运动与生态环境保护协同发展观以及健全有关山地户外运动法律制度。

综上所述，国内学者对山地户外运动发展做了深入的研究，从项目开展、运动资源的开发到建立赛事平台，再到户外运动小镇的产业化发展，结合当地的地理、文化和旅游资源针对性地提出了山地户外运动发展模式，逐渐认识到山地户外运动的风险，归纳了我国山地户外运动发展中暴露的问题和发展路径，在理论上取得了一定的积累。然而，国内研究多为描述性研究，对策性研究多，定量研究少，社会研究较为缺乏，在山地户外运动与生态环境的协调发展方面的研究深度也略显不足，这与我国山地户外运动的发展历程相关。

2.2 国外研究现状

2.2.1 户外运动的研究

国外户外运动研究已发展50余年，与国内学者将户外运动视为运动项目不同，国外学者将"户外运动"更多地描述为"户外休闲运动"，将户外休闲运动纳入休闲与旅游的研究范畴，而户外运动只是一种实现休闲或冒险的行为方式。因此，国外户外运动的研究范围较为宽泛，常常与社会学、心理学、政治学、经济学和管理学等学科相结合，研究内容以参与者、户外休闲运动市场，以及户外运动可持续发展为主，取得了大量的理论和实践成果。

1）探险旅游研究

探险旅游（adventure tourism）是国外户外休闲运动研究的重要领域。探险旅游市场研究的基本问题是旅游产品的商业价值与消费者的需求价值。Buckley（2007）通过调查全球75家探险旅游运营商，构建了探险旅游产品价值模型，该模型涵盖了运动类型、参与人数、运动时长、目的地、价格、技能需求等要素，并认为了解参与者的动机有助于制定探险旅游市场策略。随着以自然为基础的户外休闲旅游稳步增长，户外休闲旅游逐渐成为探险旅游市场的重要部分。Williams（2009）认为，探险旅游消费者的社会心理价值（情感价值、社会价值、认知价值）对活动满意度的影响大于其功能价值。

2）户外休闲运动参与研究

对于不同人群在自然环境下户外休闲运动的参与情况，Gobster（2002）认为，户外休闲运动规划者和管理者需要了解儿童、青少年、成人或残疾人等人群对户外休闲的需求。Borrie（2000）等认为自然环境下的休闲运动可以增强女性的自信、独立性以及培养自由的思想。Chhetri（2002）等通过对自然环境下参与户外休闲活动游客的实地考察，提出游客行为和体验的评价维度，并构建了参与者满意度的理论框架。经过进一步研究，Korpela（2014）等认为，情绪健康与自然环境下户外休闲运动满意度有显著的联系，自然环境下的户外休闲活动能让参与者体验平静，重获精神和活力。

3）户外休闲运动可持续发展研究

户外休闲运动可持续发展研究是 21 世纪该领域研究的热点问题，Fredman（2010）认为只有当地社区与所开发的户外休闲高度融合，才能实现自然资源与参与者需求的可持续发展。Burlando（2011）等提出将自然景观、独特的地质环境、体育设施、文化遗产等方面有机结合，提供多种服务，从而达到区域或地区的可持续发展。Hanna（2019）等从生态心理学的视角研究户外休闲运动可持续发展的影响，认为积极的心理因素在促进对自然环境的了解和建立人与自然的联系方面具有重要的作用。为解决自然区域资源可持续性的问题，Marrosu 等（2020）以开发程度、开发方式、保护价值、生态价值以及文化价值等为指标，评估了意大利撒丁岛攀岩活动对岩石环境的影响，解决了攀岩活动规划与环境保护协调发展的问题。Schirpke

（2021）等提出管理者应主动规划出合理的休闲线路和服务设施的建设，既有利于满足参与者的休闲需求，又有利于环境的可持续发展。此外，Knowles（2019）认为探险旅游本身不具备可持续发展特征，他从政治生态学的视角出发，提出应通过探险旅游吸引更多的人参与当地环境保护活动，以实现特定地区的可持续发展目标。

2.2.2 山地户外运动的研究

山地户外运动是户外休闲运动的重要分支，Jelica（2013）调查表明滑雪、自行车、徒步、登山是山地户外运动主要开展的项目。在山地户外运动的管理方面，Mackintosh，Griggs（2019）提出山地户外运动的开展需要运动管理部门与场地、资源管理部门等共同管理。Smitha（2016）认为山地户外运动的发展取决于山区生态系统和自然环境。在山地户外运动参与者研究方面，Schorner（2011）认为户外运动参与者的活动方式会影响自然山区的人文环境和生态环境。

2.2.3 研究述评

在国内外学者的共同努力下，山地户外运动及其可持续发展的研究已经取得了较为丰硕的成果，整体来看研究成果呈现以下基本特征。

第一，从研究性质上看，无论是国内研究还是国外研究，应用性研究多，理论性研究少。国内理论与实践结合研究少，缺乏山地户外运动可持续发展的理论研究。从研究对象看，由于山地户外运动所依托的环境特色突出，使得研究者对有特色的山地对象研究相对集中，例如，国内对贵州、四川山地户外运动研究相对集中，国外对美国、瑞典、南非等国家的山地户外运动研究相对丰富。尽管研究对象集中在山地资源相对丰富的地区，但是研究的内容各有侧重点。国内研究内容相对集中，主要在山地户外运动的资源开发、山地户外运动产业发展策略和路径方面，而国外研究相对丰富，研究内容包括山地户外运动项目的开展、参与人群的特征以及市场营销等。休闲生态学的发展使得国外山地户外运动的可持续发展研究更为深入，国外学者从人和自然关系的角度考量山地户外运动与生态环境协调的发展，而我国研究的理论基础相对薄弱，缺乏对休闲思想内涵的理解，对现象研究得多，对人研究得少；从运动研究得多，从思想研究得少。山地户外运动产业的可持续发展必然要求将山地户外运动视为休闲活动，能缓解疲劳、慰藉心灵，从而建立人与自然的和谐关系，从而进一步承担建设绿色家园的责任。因此，以生态学和休闲学的理论为支撑，有助于山地户外运动可持续发展的研究。

第二，研究方法方面。在研究方法上，国内研究普遍重文本研究，轻实践研究。由于山地户外运动产业发展在国内的研究仍处在起步阶段，因此学者们的研究更侧重于描述性研究，对我国山地户外运动开展的总体特征进行较为全面的描述，奠定了后续解释性研究的基础。而国外描述性研究往往以发布研究报告的形式出现，在国外核心期刊上较为少见。国外学者更多采用解释性研究的方式，提出明确的研究假设，设计测量指标，最后根据测量指标设计问卷验证研究假设。尽管国内对山地户外运动发展的问题和障碍做了大量的研究，然而对这些问题影响因素的相互关系和因果关系分析得不够，缺乏理论高度的解释和分析。随着山地户外运动产业休闲化的发展，参与山地户外运动人群不断扩大，山地户外场所迅速增加，山地户外运动的可持续发展面临着越来越多挑战，例如，参与人群特征与需求对山地户外产业发展的影响，山地户外运动与人的环境行为之间的相互影响等，对山地户外运动的研究不能仅仅停留在对现象的描述，而需要通过解释性研究去揭示山地户外运动与自然生态之间复杂的关系。

第三，学科融合方面。在国外，山地户外运动的研究源于旅游学、休闲生态学的思想，因此，国外山地户外运动的可持续发展研究一直是研究的热点。此外，学者常常将其与心理学、管理学等学科结合，研究参与者动机、满意度和山地户外运动管理机制等问题。在国内，随着户外休闲研究的兴起，也有学者开始跨学科研究户外运动的可持续发展问题。然而，国内现有的研究主要从体育学、经济学等单一学科视角进行，相关的学者以体育学科背景居多。我们知道，山地户外运动像许多其他社会活动一样具有多层次和多样性，与社会经济、文化、生态之间关系紧密，需要多学科的参与和支持。因此，加强山地户外运动跨学科的研究，发挥各学科的研究特长和优势，拓宽我们认识山地户外运动可持续发展的视域，更深层次全面把握山地户外运动产业与生态环境协调发展的内在本质及其关系是未来的研究方向。

总体而言，上述研究极大丰富了山地户外运动产业可持续发展研究学术成果的宝库，但对山地户外运动与生态环境协调发展的研究仍然处于起步阶段，在对山地户外运动可持续发展理论体系的深入系统研究方面还有较大空间。本研究正是从山地户外运动与生态的关系入手，以休闲生态学的理论为背景，对山地户外运动的可持续性加以系统的整理阐释，指明我国山地户外运动的发展方向。

3

我国山地户外运动自然资源分布

3.1 我国山地自然资源

我国是一个多山的国家，山地（包括丘陵和山原）约占全国土地总面积的 2/3。这些广泛分布的山地，在我国地理环境中起着巨大的作用[①]。

3.1.1 我国的山地分布特征

山地是我国最重要的地貌类型。中生代后期的燕山运动以及新生代的喜马拉雅运动为我国的山地构造奠定了基础。此构造自西向东可分三个带，与我国目前地势上的三大梯级相适应。这三个带分别为：（1）青藏高原，平均海拔 4 000 米；（2）从青藏高原东部边缘向东到大兴安岭—太行山脉—巫山—雪峰山一线，多为海拔 1 000~2 000 米的高原和盆地；（3）该线以东迄海岸，多为海拔 500 米以下的平原和丘陵[②]。根据前一章对山地的界定，海拔高度 500 米以上的地区称为山地。上海、江苏、天津是全国山区分布最少的省级单元，山区比例均低于 10%，其中，上海全部由平原构成，天津和江苏有少量丘陵分布；山东有少部分低山丘陵和低山分布；宁夏、青海是全国山区比例最高的省级单元，山区比例高达 100%；云南、贵州、甘肃和西藏的山区比例均高于 95%，是我国山区分布最集中连片、特征最典型的省级单元。

3.1.2 我国高原的自然生态特征

1）青藏高原

青藏高原是世界上海拔最高、分布面积最大、自然地理环境最

---

① 赵松乔. 我国山地环境的自然特点及开发利用 [J]. 山地研究，1983（3）.
② 赵松乔. 我国山地环境的自然特点及开发利用 [J]. 山地研究，1983（3）.

复杂的高原，是长江、黄河、雅鲁藏布江、怒江、澜沧江以及印度河等亚洲主要河流的发源地，被誉为"世界屋脊""地球第三极"①。青藏高原海拔在 3 000~5 000 米，平均海拔 4 000 米。青藏高原地区分布着森林、灌木丛、草地、荒漠等自然生态系统，生态系统多样化，其中以植被为主的自然生态系统面积约占 61.9%。由于该区植被对气候变化以及人类活动的影响较为敏感，因此，青藏高原的生态十分脆弱。

2）黄土高原

黄土高原位于中国中部偏北，是地球上分布最集中且面积最大的黄土区，涵盖山西、陕西、河南、宁夏等地区。黄土高原海拔800～3 000 米，属半干旱大陆性季风气候区，是世界上水土流失最严重和生态环境最脆弱的地区之一。长期以来，区域发展面临着土壤被侵蚀严重、植被稀疏、人口压力大、生产力低下、黄河泥沙含量巨大等突出问题。

3）云贵高原

云贵高原位于我国西南部，包括云南省东部、贵州全省、广西壮族自治区西北部和四川、湖北、湖南等省边境，海拔为 2 000～4 000米。云贵高原地势可分为 3 个梯层，其中第一级梯层海拔在 3 000～4 000 米，第三级梯层为海拔 1 200～1 400 米的山地、丘陵等和小于1 000 米的盆地、河谷。云贵高原为亚热带季风气候，因为石灰岩厚度大并且分布范围广，经过地表和地下水的侵蚀，形成落水洞、岩洞、峡谷、盆地等地貌，是世界上喀斯特地貌发育最典型的地区之一。云贵高原具有丰富多样的自然环境，也就有了多样的生物和文化，是中国少数民族分布最多的地区，也是中国森林植被类型最为丰

---

① 王子滢，李周园，董世魁，等. 近 40 年青藏高原生态格局演变及其驱动因素[J]. 生态学报，2022，42（22）：8941-8952.

富的区域。

4）内蒙古高原

内蒙古高原是中国的第二大高原，海拔 1 000～1 200 米。内蒙古高原戈壁、沙漠、沙地依次从西北向东南略呈弧形分布。

3.1.3　我国山地的地貌特征

在各种山地地貌类型中，岩溶地貌、花岗岩地貌、丹霞地貌和火山地貌独特，观赏功能突出，为户外运动和户外旅行的开展创造了优越的地理条件。

1）岩溶地貌

岩溶地貌又称喀斯特地貌，是岩浆从地壳断裂处溢出、沿地面流动冷却形成的地貌，如石芽、石沟、石林、峰林、落水洞、漏斗、喀斯特洼地、溶洞、地下河等。在喀斯特地貌发育地区，地面往往奇峰林立，地表水系比较缺乏，但地下水系却比较发达。中国的广西、贵州、云南等地广泛分布着喀斯特地貌。

中国整个西南地区石灰岩连成一片，分布最广，面积共达 55 万平方千米。其中广西地区出露的面积最大，达 12 万平方千米，约占广西全区总面积的 60%。贵州和云南东南部石灰岩的分布面积也约占地区总面积的 50%。此外，广东、浙江、江苏以及四川盆地和鄂西山区等地均有大面积的石灰岩分布。

2）花岗岩地貌

花岗岩地貌是指花岗岩石体在地壳运动等外力作用下形成的形态特殊的地貌类型。我国的花岗岩山地主要散布在云贵高原和燕山山脉以东的第二、第三级地形阶梯上。我国的许多名山，如东北的大、小兴安岭，山东的泰山、崂山，陕西的华山、太白山，安徽的黄山、九华山，浙江普陀山，湖南衡山，广东罗浮山，广西桂平西山、猫儿山，湖北九宫山，江苏灵岩山，北京云蒙山，河北老岭，宁夏贺兰山，甘肃祁连山，四川贡嘎山，海南五指山等，大部分为花岗岩所组成。这些山地如今已成为国家风景名胜区和自然保护区。

3）丹霞地貌

丹霞地貌是以赤壁丹崖为特征的红色陆相碎屑岩地貌，即以陆相为主（可能包含非陆相夹层）的红层（不限制红层年代）发育的具有陡崖坡的地貌特征。丹霞地貌以鲜明的红色和奇特的造型成为宝贵的旅游资源，相对集中分布在东南、西南和西北地区的26个省份。福建泰宁风景旅游区、武夷山，甘肃张掖，湖南崀山，云南丽江老君山，贵州赤水丹霞，江西龙虎山，青海坎布拉国家森林公园，广东仁化丹霞山，四川江油的窦圌山、都江堰市的青城山，重庆綦江的老瀛山等地，是中国丹霞地貌的典型代表。

4）火山地貌

火山地貌是由地壳内部岩浆喷出堆积成的山体形态。我国火山活动可分为两个带：东部活动带的火山包括五大连池火山群、长白山火山、大同火山群、大屯火山群、广东雷琼及安徽、江苏等地区的火山；西部活动带的火山包括腾冲火山群、新疆等地区的火山。

总的来说，山地系统地理环境十分复杂，非生物、生物和人为的元素以多种方式联系在一起。受多变的地形、恶劣的气候等因素的影响，山地环境十分脆弱，生态敏感性很高。我国山地面积广袤，占到全国土地可用面积的2/3，广大山区蕴藏丰富的森林、矿藏、水能及风景资源等，具有类型多样性、生物多样性、山文化多样性等特点。此外，山地人口密度大、山地几乎贯穿全国主要的大江大河上游，因此，山地发展在全国生态文明建设和社会经济发展中占据着重要地位。

3.2 我国山地户外运动自然资源分布特征

山地户外运动与休闲活动是在森林、山川、岩壁等山地环境中开展的户外休闲运动，户外休闲运动的开展对自然环境依赖程度很高。我国是山地自然资源大国，地貌特征丰富。自20世纪50年代开始，我国的户外运动经历了四个发展阶段：科考探险阶段（始于20世纪50年代）、社会萌芽发展阶段（始于20世纪80年代）、多元化发展阶段（始于21世纪初）、产业化发展阶段（始于2015年）。2005年4月，国家体育总局将山地户外运动设立为正式开展的体育项目，这标志着我国山地户外运动步入发展快车道。2016年《山地户外运动产业发展规划》中提出，"因地制宜，突出优势""充分发挥我国地大物博、山地自然资源丰富的优势，发展区域特色山地户外运动产业"。因地制宜就是要在充分了解我国不同山地地区的地貌、气候、生态等特征的基础上，布局户外运动产业。

3.2.1 我国山地户外运动自然资源区域分布

我国幅员辽阔，山地资源丰富，且地貌复杂。对山地自然资源区域按类型进行划分，有利于整体分析我国山地户外自然资源特征，有利于合理开发和利用自然资源，对发展区域生态体育具有重要的价值。总体来说，山地自然资源包括森林资源、洞穴资源、岩壁资源、峡谷资源，以及草原、沙漠与高山资源等。

1）森林资源

森林是开展户外运动的主要场所，优越的自然环境不仅吸引了休闲旅游者，也是徒步、穿越、越野、骑行、露营、滑雪等户外爱好者的天堂。受自然条件和气候影响，我国的森林主要分布在山地和丘陵地区。国家林业和草原局公布的《2021中国林草资源及生态状况》数据显示，2021年我国森林面积34.6亿亩，森林覆盖率24.02%①。我国森林主要分布在三大林区：东北林区、西南林区和东南林区。

（1）东北林区

东北林区主要覆盖黑龙江、吉林、辽宁三省和内蒙古自治区东部，森林资源主要集中在大兴安岭、小兴安岭和长白山脉，平均海拔900~1 100米。东北林区是我国目前最主要的天然林区，占全国总森林面积的26.9%，气候寒冷。

（2）西南林区

西南林区地处中国西南部，主要覆盖四川、重庆、云南、西藏等地区。主要森林处在横断山脉，包括川西、滇西北、藏东南的高山峡谷地区，海拔落差大；云贵高原、青藏高原都属于西南林区。

（3）东南林区

东南林区处于武夷山和南岭山群之间，主要包括秦岭、淮河以南，云贵高原以东的广大地区。

除三大主要林区外，我国山地森林资源还分布在浙江、安徽、江西、湖北等地区。例如，浙江天目山原始森林、九龙山原始森林，安徽的天堂寨、牯牛降，湖北的神农架林区等。

2）洞穴资源

我国是世界上喀斯特地貌分布面积最大的国家，而洞穴又是喀斯特地貌中特有的地貌，因此我国的洞穴资源十分丰富，其中以云南、贵州、四川、广西、湖南、湖北等资源最为丰富。据不完全统计，我国已开放的游览洞穴超过400个，数量位居全球第一。目前，可供旅游的洞穴资源主要对大众旅游者开放，对于户外运动者而言有一定的

---

① 吴兆喆. 国家林草局公布2021年中国林草资源及生态状况［EB/OL］.［2022-11-22］. http://www.forestry.gov.cn/main/65/20221124/130811052364462.html.

局限性。在洞穴资源最丰富的贵州省，洞穴探险产业已逐渐成为一项具有特色的体育产业。

3）岩壁资源

岩壁是自然攀岩活动的场地。我国岩壁资源优越，广西、贵州等地几乎到处可见石灰岩的岩壁。2018年，全国自然岩场共有432个，主要集中在11个省份，这11个省份的岩场数量占据了全国的八成。其中，广西自然岩场数量最多，约为90个，占比20.8%；云南、山东紧随其后，自然岩场数量均超过50个，重庆、浙江、陕西、河南等地也拥有优越的自然岩壁资源。

4）峡谷资源

峡谷是一种重要的地貌类型，它不仅有壮阔的山石和岩壁，也有丰富的水资源，是一种独具魅力的旅游资源。在峡谷中可开展多种体育活动，如骑行、徒步、皮划艇、溯溪等。我国的峡谷分布在中西部，主要集中在西南地区、浙江西部。知名的大峡谷如雅鲁藏布江大峡谷、长江三峡、浙西大峡谷、太行大峡谷、恩施大峡谷等。

5）草原、沙漠与高山资源

草原具有开展徒步、骑行、露营等户外休闲活动的天然优势。我国是草原大国，草原面积约占国土面积的40%，草地资源主要分布在西北地区和青藏高原地区。就地形来说分布在高原和山地地区（内蒙古高原、青藏高原、天山山地等）。

我国的沙漠集中分布在西北4省区，包括新疆、内蒙古、甘肃、宁夏等地，主要有塔克拉玛干沙漠、腾格里沙漠、柴达木盆地沙漠、乌兰布和沙漠等八大沙漠。大部分沙漠都在海拔1 000米以上的中山和高山地区。沙漠作为一种极具特色的自然资源，近年来受到旅游管理部门的重视，例如，新疆已开发建设36个国家沙漠公园，积极拓展沙漠越野、探险、徒步等户外项目。

　　高山和极高山是户外探险者向往的胜地。我国高山资源丰富，不仅拥有世界上最高的山峰，而且在世界前十大高山中，我国境内就拥有5座。我国大部分高山和极高山分布在青藏高原及其周围地区。此外，高山不仅是登山运动的胜地，也是冰雪运动的极佳场所。

　　自然资源是山地户外运动产业的基础，因地制宜合理利用各类资源、发挥资源优势对山地户外运动产业至关重要。从我国的山地自然资源分布情况看，森林和峡谷分布较广，是环境最为优越的自然资源。并且，由于这些自然资源开发较早，相关配套设施也较为完善，因此森林和峡谷既是休闲旅游热门场所，也是专业户外爱好者的天堂，受到许多知名的户外运动赛事的青睐。草原、洞穴和沙漠是地域特色最为明显的自然资源，开发相关户外运动产业时将产业发展与当地文化内涵相结合，会更具吸引力。

3.2.2　山地户外运动空间的整体布局

　　1）我国山地户外运动空间主要架构

　　根据我国山地的自然资源特色和分布特征，国家体育总局于2016年颁布了《山地户外运动产业发展规划》，对我国山地户外运动产业的空间布局做出了整体规划。该规划结合我国地势的三大阶梯、山川地貌，以自西向东地理层级的划分作为基准，提出"三纵三横"的布局规划。主要的架构如下：

　　"三纵"：

　　（1）沿太行山脉的500千米步道线路，以及沿京杭大运河、串联徽杭古道、徐霞客古道的户外运动线路，共同构成的我国东部纵向山地户外运动带；

　　（2）西安至成都的骑行和徒步线路；

　　（3）沿青藏公路（西宁经格尔木、唐古拉至拉萨）的骑行和徒步线路。

"三横"：

（1）沿丝绸之路的山地户外运动线路；

（2）沿318国道的骑行和徒步线路；

（3）沿长江及两岸的山地户外运动线路。

从整体上看，"三纵三横"是从我国地理分布的角度划分的，并参考了"气候、景观、地质、人文"等条件，利用地理和自然资源优势，开展徒步、骑行、漂流等户外运动项目。

2）我国山地户外运动空间布局

"三纵三横"是我国山地户外运动产业发展的主要架构，一方面利用特色的山地自然环境开展丰富的户外体育运动；另一方面推进体育与文化、旅游融合，深度挖掘户外体育产业的潜力，打造体育文化品牌，达到促进山地区域的经济发展的目的。

（1）太行山、徐霞客古道户外线路群

在整体户外运动空间布局中，这是一条位于东部的纵线。该线以北京为起点，途经河北、安徽，南至浙江省宁海。这条纵线由多条线路组成，贯穿多个山脉，包括太行山脉、黄山、天目山、天台山等著名山脉。在地形上不仅包括山地，也包含京杭大运河沿线等运河城市带线路。整条线路群不仅充分利用了山地的自然资源优势，也融入了悠久的历史文化，具有深厚的历史底蕴。

从地形上看，太行山脉西接山西高原，东临华北平原，是中国地形第二阶梯的东缘。太行山南北长度约为500千米，海拔多在1 200米以上，其中有些山峰的海拔在2 000米以上。从地貌上看，太行山属于嶂石岩地貌，包括亚高山、中山、低山等，植物资源丰富，显现出雄险、壮美的自然景观。从文化上看，太行山文蕴久远，在中华民族历史文化长廊中，占据了举足轻重的地位，"中华民族的精神之山"

等称谓蕴涵了中华民族的形成和发展历程。从经济上看，2020年，河北省加快建设太行山旅游产业，并利用区域优势，建设环北京、天津休闲旅游带。

京杭大运河、徽杭古道、徐霞客古道这三条线路在我国历史上曾产生巨大的政治、经济和文化作用。京杭大运河是世界文化遗产，京杭大运河沿线城市正在联合打造运河旅游文化品牌。徽杭古道是我国继"丝绸之路""茶马古道"之后的第三条著名古道，是历史上徽商与浙商交流贸易的重要通道。其全长约25千米，全程为盘山石阶小道，徒步难度较低，是中国体育旅游十佳精品线路。徐霞客古道是明代旅行家徐霞客游历过的线路之一，被列为国家19项线性文化遗产之一，全程徒步有一定难度。

历史文化是这个线路群的主题。其线路难度不大，通过徒步、骑行等方式重走历史古道，感受不同历史时期的文化，能够深度体验中华民族的文化发展历程。同时，通过户外运动，推进体育与经济、文化的融合，促进区域经济的发展，也是依托户外线路推进户外运动产业发展的重要途径。

（2）西安至成都骑行、徒步线路

西安至成都骑行、徒步线路是位于我国中部的纵线，这条线路山地资源丰富，沿途跨秦岭、走蜀道，全长约900千米。沿线的秦岭鳌太线、四川若尔盖湿地等都曾举办过户外赛事。游览该线路最主要的是可以体验到秦汉、三国文化。

（3）沿青藏公路骑行线路

青藏公路户外线路是一条西部的纵线，这条线路横跨祁连山脉、昆仑山脉和唐古拉山脉，是世界上海拔最高的公路线。该线路沿线大部分为国家自然保护区，平均海拔3 000米。由于该公路线上部分路段属无人区，地形复杂，存在一定风险，因此，从西宁经格尔木、唐古拉山口至拉萨一段成为骑行和徒步的热门线路，也是经典的户外线路。该线路地貌广阔、气候干燥、海拔高、植被覆盖率低，更加适合骑行。其中，西宁至格尔木全段780千米，是青藏线的第一段路程，全线路况较好，途经青海湖和戈壁滩，风景优美；唐古拉山口至拉萨段全段约500千米，途经藏北草原等，是青藏线的最后一段路程。

（4）丝绸之路户外运动线路带

"丝绸之路"是辐射范围十分广博的区域，位于我国西北部，以丘陵为主，拥有高原、山地等复杂地形，是我国山地户外产业发展一条重要的横向带。丝绸之路的山地资源极其丰富，甘肃的张掖丹霞地貌、祁连山草原、透明梦柯冰川，新疆的塔克拉玛干沙漠、罗布泊、伊犁草原、天山等地，涵盖了多维度的广阔空间。除了具有特色的地貌特征，丝绸之路还见证了东西方政治、经济、文化的交流，历史地位举足轻重。当前，随着"一带一路"经济带的建设，古丝绸之路重新焕发活力，以户外运动为杠杆带动区域文化、旅游的发展成为丝绸之路经济带发展的重要途径。近年来，在这条线路上举办了"张掖百公里越野赛""八百流沙极限赛""中国祁连山越野跑""甘肃玉门飙山越野"等一系列户外赛事。

（5）沿318国道线

318国道为中国最长的国道公路线，其横穿中国东西部，包括黄山、庐山、神农架、雅拉雪山、稻城三大雪峰等山脉，全程海拔落差大，最高海拔5 000余米。这条线路在我国户外运动产业发展布局中是最为成熟的一条，也是最热门的一条。无论是沿途的景观，还是配套服务设施都较为成熟，从骑行到徒步，甚至露营等，可以开展的户外休闲运动丰富多样。其中，川藏线是318国道中最为经典的线路。

（6）沿长江及两岸山地户外运动线路

长江流域自西向东跨越了我国地势的三大阶梯，地貌类型多种多样。长江流域沿岸地貌分为三个阶段，第一个阶段由青海南部、四川西部高原和横断山脉组成，第二个阶段由秦巴山地、四川盆地、云贵高原和鄂黔山地组成，第三个阶段则由淮阳山地、江南丘陵和长江中下游平原组成。山地海拔自西向东逐渐降低，山地资源主要集中在川西山地高原、四川沿横断山脉东缘山系、湘西山地、鄂西山地、江南和浙闽低山丘陵等地区。长江流域沿岸不仅自然条件优越，而且经济发达，人口稠密，山地自然资源的开发程度也较高，因此山地户外运动产业的发展较快。山地户外运动从单一的线路开发转向依托赛事打造品牌，推动运动基地建设，如四川国家级山地户外运动示范区建设、矮寨国际山地户外运动基地建设等，不断完善山地户外运动产业体系。

4

我国山地户外运动的发展

4.1 我国山地户外运动的发展历程

户外运动最早产生于18世纪的欧洲。山地户外运动是我国开展最早的户外运动项目，其起源可以追溯到20世纪50年代。回顾我国山地户外运动的发展历程，主要经历了四个发展阶段：科考探险阶段、社会萌芽发展阶段、多元化发展阶段和产业化发展阶段。

4.1.1 第一阶段：科考探险阶段（20世纪50—70年代）

1956年，我国首支国家级登山队成立，这标志着我国山地户外运动的开端。1957年6月，中华全国总工会登山队登上了四川西部海拔7 556米的贡嘎山顶峰，这是我国登山队员第一次独立组队进行的登山活动。以成功攀登贡嘎山为标志，中国的登山运动进入了一个新的发展时期。

1958年6月，中国登山协会成立。当时，我国登山运动主要以勇攀高峰和弘扬体育精神为目标，与提高我国体育运动在世界上的地位紧密联系在一起，并制定了"结合高山科学考察为经济建设、国防建设服务"的方针。

20世纪60至70年代，我国登山队不断挑战登山纪录，同时完成高山科学考察任务。1959年，中国男女混合登山队胜利登上了号称"冰川之父"的慕士塔格峰。1960年，我国登山队首次从北坡登上珠穆朗玛峰，展示了我国登山运动的实力，中国登山运动自此跃入世界先进行列。1975年，因珠峰科考需要，中国女子登山队登顶珠穆朗玛峰，创造了女子登山世界纪录。

4.1.2　第二阶段：社会萌芽发展阶段（20世纪80—90年代）

1978年，随着我国改革开放政策的实行，登山运动也迎来新的发展机遇。1979年9月，经国务院批准，我国对外开放包括珠穆朗玛峰、希夏邦马峰、贡嘎山、慕士塔格峰等在内的8座山峰，外国人可以进行登山旅游和登山探险活动。

1980—1981年，四川、新疆、西藏相继建立登山协会，这三个在中国户外史上举足轻重的地方性登山协会，对四川、新疆和西藏成为中国最重要的户外目的地，起到了重要作用。我国登山界与世界登山界的交流日益增多，与世界各国的登山组织建立起密切的联系，引进了先进的登山技术和装备，对促进和发展我国现代登山运动具有积极意义。

20世纪80年代是我国登山运动成绩辉煌的时期。1985年，西藏登山队9名队员登顶卓奥友峰，这是西藏登山队第一次单独攀登8 000米以上的高峰并取得成功，也是我国登山队首次登顶卓奥友峰。1986年，西藏登山队又登上了西藏境内海拔7 191米的宁金刚桑峰。1988年，中国、日本、尼泊尔三国联合跨越珠峰，标志着人类登山运动进入了一个新的历史阶段，这进一步推动了我国山地户外运动的发展。

这一时期，"登山精神"成为体育界乃至全国各行各业建设者向往与学习的时代拼搏精神，同时，也激发了我国民间户外运动的兴起。20世纪80年代中期出现了一些自发组织的户外运动团体，这些运动团体也成为山地户外运动俱乐部的雏形。但这一时期山地户外运动主要以高难度的登山运动为主，人群也主要集中于极少数登山运动员和登山爱好者中，民间登山运动处在萌芽阶段。

4.1.3 第三阶段：多元化发展阶段（2000—2014 年）

随着国民生活水平不断提高，户外运动俱乐部数量也不断增加，越来越多的人热衷于参与户外登山运动。20 世纪 90 年代末，随着攀岩、徒步、山地自行车、漂流等户外运动项目逐渐从欧洲进入我国，山地户外运动迈向多元化。

2005 年 4 月，国家体育总局将山地户外运动设立为正式开展的体育项目，山地户外运动逐渐成为人们休闲娱乐、锻炼身体的重要选择，我国山地户外运动步入发展快车道。这一时期，中国户外运动的社会环境也发生了重大变化。社会层面出台了多项利好举措，为户外运动产业发展提供了政策层面的保障。山地户外运动从最初的登山运动，逐渐发展成为包括徒步、登山、骑行、攀岩等在内的项目群。优美的自然环境、丰富的运动项目，吸引了越来越多人的参与，参与人群逐渐涵盖青少年和中老年群体，山地户外运动逐步迈向休闲化与大众化，这为山地户外运动产业发展繁荣奠定了坚实的基础。

4.1.4 第四阶段：产业化发展阶段（2015 年起）

2014 年是我国体育产业发展历程中重要的一年，国务院出台的 46 号文件《国务院关于加快发展体育产业促进体育消费的若干意见》，对体育产业的发展产生了强大的推动作用。"十三五"时期是我国出台体育产业政策和规划最为密集的一个时期。2016 年，《全民健身计划（2016—2020 年）》《体育发展"十三五"规划》《"健康中国 2030"规划纲要》等文件陆续发布。2019 年，国务院办公厅发布《国务院办公厅关于印发体育强国建设纲要的通知》，表明体育产业将在 2035 年成为国民经济支柱产业。2021 年，我国发布《全民健身计划（2021—2025年）》，政策助推体育产业发展，山地户外运动迎来了快速发展的契机。

"十三五"时期是山地户外运动发展的转折点。2016年国家体育总局、国家发展改革委、交通运输部等8部门联合印发了《山地户外运动产业发展规划》，这也是我国首次针对山地户外运动发展所颁布的规划，山地户外运动进入快速发展期。山地户外运动逐渐成为群众喜闻乐见的运动方式，滑雪、皮划艇、滑翔伞、越野跑等一大批山地户外运动项目蓬勃发展。

"十四五"时期是推进体育强国建设的开局时期，也是推动体育产业成为国民经济支柱性产业的关键阶段。2022年，国家体育总局、国家发展改革委、工业和信息化部等8部门联合发布《户外运动产业发展规划（2022—2025年）》，提出以国内大循环为主体、国内国际双循环相互促进的新发展格局激发户外运动产业发展，山地户外运动产业在产业结构调整、智慧化服务、深度融合和绿色发展等方面将实现高质量发展目标。

纵观我国山地户外运动的发展历程，尽管我国山地户外运动相比欧洲发达国家晚了近100年，但在近70年的历程中，山地户外运动发展迅速，截至2021年年底，全国户外运动参与人数已超过4亿人，大众化、全龄化、轻量化的趋势已经显现，登山、徒步已成为最重要的户外运动项目之一。然而，我国的山地户外运动仍处于产业化发展的初期，无论是群众参与普及率，还是户外装备制造业的市场规模，与欧美国家仍有较大差距。相信在我国强有力的政策保障和支持下，以及在全社会的共同推动下，我国山地户外运动产业必将成为体育产业的重要支撑产业之一。

4.2　我国山地户外运动管理现状

自 2003 年我国第一个与山地户外运动相关的国家管理文件《国内登山管理办法》出台以来，为了规范山地户外运动参与者、俱乐部的行为，国家与地方发布了相关的管理办法。随着《国务院关于加快发展体育产业促进体育消费的若干意见》《山地户外运动产业发展规划》《户外运动产业发展规划（2022—2025 年）》等一系列推动山地户外运动产业发展规划的出台，我国户外运动产业的发展目标一步步明确。根据户外休闲运动产业发展的政策目标，国家体育总局登山运动管理中心制定了行业发展规范，各地方体育局也相继制定了适应地区发展的地方性政策法规。国家与地方正在逐步构建一个相互联系、相互支持的政策体系。

4.2.1　我国山地户外运动制度环境

我国山地户外运动的发展和管理规范归属于国家体育总局登山运动管理中心，其主要负责项目的业务管理，研究和制定项目的发展规划、方针政策以及运动员的培养方案等。例如，制定了《国内登山管理办法》《高山向导管理暂行规定》等相关规定。中国登山协会属于全国性协会，主要负责山地户外运动的推广、活动组织、行业服务、专业指导、人才交流等，并制定山地户外运动开展的行业标准，如《中国登山协会关于登山户外运动俱乐部及相关从业机构资质认证标准》《体育场所开放条件与技术要求 总则》等，对规范山地户外运动的行业发展发挥着推动作用。

除国家体育总局登山运动管理中心与中国登山协会对全国山地户外运动的统筹管理外，各地方体育局、政府部门和地方协会针对各地区的情况也参与到山地户外运动活动的管理中。例如，2020 年深圳市大鹏新区制定了《深圳市大鹏新区山地户外运动管理暂行办法》；2021 年江西省体育局发布地方性管理规范《山地户外运动安全管理规范》。我国部分山地户外运动的政策法规及行业标准见表 4-1。

表 4-1　　我国部分山地户外运动政策法规、行业标准

时间	政策法规、行业标准名称	发布单位
2002 年	《高山向导管理暂行规定》	国家体育总局
2003 年	《国内登山管理办法》	国家体育总局
2003 年	《中国登山协会关于登山户外运动俱乐部及相关从业机构资质认证标准》（包含《环保制度》《会员管理制度》《安全管理制度》《活动组织规范》《技术操作规范》等）	中国登山协会
2004 年	《户外运动员注册与交流管理办法（试行）》	国家体育总局
2005 年	《体育场所开放条件与技术要求 总则》	中国登山协会
2020 年	《深圳市大鹏新区山地户外运动管理暂行办法》	深圳市大鹏新区政府
2021 年	《山地户外运动安全管理规范》	江西省体育局

4.2.2　我国山地户外运动政策环境

随着体育产业的发展，山地户外运动的健身价值、观赏价值与商业价值逐渐被开发，山地户外运动产业也迎来新的发展机遇。2014 年以来，国家出台的有关体育旅游、体育消费、体育产业发展的政策不断强调山地户外运动产业的发展，尤其是 2016 年以来，有关促进体育消费、体育产业发展的政策密集出台，充分显示出国家对休闲体育产业的重视。

1）国家层面政策

2011 年发布的《中华人民共和国国民经济和社会发展第十二个五年规划纲要》中提出"加快发展体育产业，引导全民体育消费"。2014 年，《国务院关于加快发展体育产业促进体育消费的若干意见》中提出"丰富市场供给""发展健身休闲项目。大力支持发展健身跑、健步走、自行车、水上运动、登山攀岩、射击射箭、马术、航空、极限运动等群众喜闻乐见和有发展空间的项目"。2016 年是国家出台促进体育产业与体育消费政策最多的一年，包括《关于推进体育旅游融合发展的合作协议》《国务院办公厅关于加快发展健身休闲产业的指导意见》《"健康中国 2030"规划纲要》《体育产业发展"十三五"规划》《山地户外运动产业发展规划》等。2019 年发布了《国务院办公厅关于促进全民健身和体育消费推动体育产业高质量发展的意见》。为进一步促进和扩大体育消费，助力构建新发展格局，2022 年 11 月，国家体育总局、国家发改委等 8 部门联合印发了《户外运动产业发展规划（2022—2025 年）》。这些政策文件在山地户外运动产业发展、赛事组织、保障体系等方面为山地户外运动的发展创造了良好的政策环境，逐渐形成户外运动产业健康发展的政策体系（见表 4-2）。

表 4-2 2014—2022 年国家层面有关加强山地户外运动产业发展的政策

时间	发布部门	政策名称	重点内容
2014 年	国务院	《国务院关于加快发展体育产业促进体育消费的若干意见》	支持中西部地区充分利用江河湖海、山地、沙漠、草原、冰雪等独特的自然资源优势，发展区域特色体育产业。进一步优化体育服务业、体育用品及相关产业结构，着力提升体育服务业比重。大力培育健身休闲、竞赛表演、场馆服务、中介培训等体育服务业

续表

时间	发布部门	政策名称	重点内容
2016年	国务院办公厅	《国务院办公厅关于加快发展健身休闲产业的指导意见》	发展户外运动。制定健身休闲重点运动项目目录，以户外运动为重点，研究制定系列规划，支持具有消费引领性的健身休闲项目发展
2016年	国家旅游局、国家体育总局	《关于大力发展体育旅游的指导意见》	以群众基础、市场发育较好的户外运动旅游为突破口，重点发展冰雪运动旅游、山地户外旅游、水上运动旅游、汽车摩托车旅游、航空运动旅游、健身气功养生旅游等体育旅游新产品、新业态
2016年	国家体育总局	《体育产业发展"十三五"规划》	充分挖掘冰雪、森林、湖泊、江河、湿地、山地、草原、沙漠、滨海等独特的自然资源和传统体育人文资源，重点打造冰雪运动、山地运动、户外休闲运动、水上运动、汽车摩托车运动、航空运动、武术运动等各具特色的体育产业集聚区和产业带
2016年	国家体育总局、国家发改委等8部门	《山地户外运动产业发展规划》	加强山地户外运动场地设施的科学规划与布局，建立"点、线、面"立体、多元的山地户外运动场地设施体系。适当增加山地户外运动设施用地和配套设施配建比例
2018年	国务院办公厅	《完善促进消费体制机制实施方案（2018—2020年）》	积极培育冰雪运动、山地户外运动、水上运动、航空运动、汽车摩托车运动、电竞运动等体育消费新业态

续表

时间	发布部门	政策名称	重点内容
2018年	国务院办公厅	《国务院办公厅关于加快发展体育竞赛表演产业的指导意见》	创新社会力量举办业余体育赛事的组织方式，开展自行车、山地运动、航空运动、极限运动等项目赛事。鼓励各地加强体育赛事品牌创新，培育一批社会影响力大、知名度高的业余精品赛事
2019年	国务院办公厅	《国务院办公厅关于促进全民健身和体育消费推动体育产业高质量发展的意见》	制定新一轮产业发展规划，鼓励各地开发一批以攀岩、皮划艇、滑雪、滑翔伞、汽车越野等为代表的户外运动项目
2021年	国务院	《全民健身计划（2021—2025年）》	大力发展运动产业，积极培育户外运动等体育产业，催生更多新产品、新业态、新模式。鼓励各地创新体育消费政策、机制、模式、产品，加大优质体育产品和服务供给，促进高端体育消费回流
2021年	国家体育总局	《体育产业发展"十四五"规划》	坚持践行"两山"理念与发展户外运动相结合，推动自然资源向户外运动开放，丰富户外运动赛事活动
2021年	国务院	《"十四五"旅游业发展规划》	充分发挥国家公园教育、游憩等综合功能，在保护的前提下，对一些生态稳定性好、环境承载能力强的森林、草原、湖泊、湿地、沙漠等自然空间依法依规进行科学规划，开展森林康养、自然教育、生态体验、户外运动，构建高品质、多样化的生态产品体系

续表

时间	发布部门	政策名称	重点内容
2022年	中共中央办公厅、国务院办公厅	《关于构建更高水平的全民健身公共服务体系的意见》	推动户外运动发展。编制户外运动产业发展规划。开展自然资源向户外运动开放试点，制定在可利用的水域、空域、森林、草原等自然区域内允许开展的户外运动活动目录
2022年	国家体育总局、国家发改委等8部门	《户外运动产业发展规划（2022—2025年）》	以新发展理念为引领，拓宽"两山"理念转化路径；推动自然资源向户外运动开放；深入对接国家区域重大战略和区域协调发展战略，构建"五区三带"户外运动产业空间布局

　　自2014年以来，户外运动产业一直占据着国家体育产业发展的重要地位。2014—2016年在政策层面上主要引导发挥户外运动产业的体育消费功能；2016年起将重点放在户外运动产业的高质量发展上，提出体育产业集聚区和产业带建设；2018年提出山地户外运动产业的特色发展，即各地可以利用自然资源优势合理开发山地户外运动；2022年以来，户外运动产业发展已对接区域协调发展的战略布局，国家提出开展自然资源向户外运动产业开放试点，国家体育总局与文化和旅游部在制定发展规划时也同时提出自然资源向户外运动产业合理开放的路径。

　　从国家层面的政策走向来看，户外运动产业发展已从扩大体育消费的单一功能，逐步发展为推动区域协调发展的产业协作，并对户外运动产业发展与区域生态环境保护提出新的要求。

　　2）地方层面政策

　　为了响应国家号召，各省市积极推动山地户外运动产业发展，部分自然资源丰富的省市积极发布户外运动产业发展政策和规划。

整体来看，地方层面政策主要有三个特点：第一，重视户外运动与旅游的结合，如湖北省发布的《湖北省全民健身实施计划（2021—2025年）》、陕西省发布的《陕西省人民政府办公厅关于加快建设体育强省的实施意见》。第二，将户外运动产业与本地传统文化相融合，如贵州省出台的《贵州省"十四五"体育发展规划》。第三，山地资源优势地区政策针对性更强。以四川省为例，除省政府发布了《四川省体育发展"十四五"规划》外，省内地市州也根据资源条件发布相关规划，如《德阳市"十四五"体育产业发展规划》《甘孜州山地休闲运动产业发展总体规划》等。部分地方有关加强山地户外运动产业发展的政策见表4-3。

表4-3　　部分地方有关加强山地户外运动产业发展的政策

时间	省	政策名称	重点内容
2015年	浙江省	《浙江省人民政府关于加快发展体育产业 促进体育消费的实施意见》	创新体育产业项目利用外资方式，开发涉及大众健身、体育赛事、体育场馆、户外运动、职业俱乐部等的体育保险产品
2020年	陕西省	《陕西省人民政府办公厅关于加快建设体育强省的实施意见》	陕南地区发挥生态优势，打造水上、户外运动休闲产业聚集区和绿色运动食品种养基地。推动区域体育产业协同发展，支持打造一批体育旅游精品线路、户外运动休闲产业带
2020年	河南省	《河南省人民政府办公厅关于进一步激发文化和旅游消费潜力的通知》	促进文化和旅游与体育融合，开发运动体验、赛事参观、户外运动等体育旅游项目

续表

时间	省	政策名称	重点内容
2021年	湖南省	《湖南省全民健身实施计划（2022—2025年）》	加强体育赛事活动安全监管，组织实施户外运动安全分级管控体系建设工作，建立全民健身赛事活动安全防范、应急保障机制
2021年	广东省	《广东省全民健身实施计划（2021—2025年）》	建立全民健身赛事活动安全防范、应急保障机制和户外运动安全分级管控体系。落实网络安全等级保护制度，加强全民健身相关信息系统安全保护和个人信息保护
2021年	湖北省	《湖北省全民健身实施计划（2021—2025年）》	依托山水、人文、历史等资源，推动山地、航空、水上、冰雪等户外运动项目与旅游融合，建设一批山地户外营地、航空飞行营地、运动船艇码头、滑雪场等体育旅游设施，打造一批体育旅游精品线路和体育旅游目的地
2021年	江西省	《江西省人民政府办公厅关于推进康养旅游发展的意见》	积极支持体育旅游、户外运动、电子竞技等新兴产业发展，培育"康养+运动"产业市场。以地方传统特色体育项目为切入点，打造品牌运动康养赛事活动
2021年	四川省	《四川省体育发展"十四五"规划》	未来5年要着力建设山地运动、水上运动、冰雪运动、航空运动四大运动产业带，推动全省户外运动产业健康发展
2022年	贵州省	《贵州省"十四五"体育发展规划》	深入挖掘贵州山地户外运动和民族传统体育资源，将自然资源禀赋、民族文化、山地文化、高桥文化与山地户外运动相结合，因地制宜构建全省山地民族体育运动发展体系

4.2.3　山地户外运动产业政策体系

1）山地户外运动产业政策体系的内涵

经过 20 年的努力，我国已初步建立了山地户外运动产业政策体系，其中包含行业标准、管理制度、专业从业人员规范等，在产业发展上国家各级部门也给予了政策引导和保障，这些政策和制度在山地户外运动产业的发展方面发挥了重要作用。

根据《山地户外运动产业发展规划》中的定义，山地户外运动产业是指以自然山地环境为载体、以参与体验为主要形式、以促进身心健康为目的，向大众提供相关产品和服务的一系列经济活动。山地户外运动产业政策是指针对山地户外运动这一特定产业发展而制定的政策总和，属于狭义的产业政策。我国的山地户外运动产业政策体系是以山地户外运动产业政策为核心，以战略政策为纲领，以产业政策、资金政策、区域政策、支撑政策等为支撑，促进山地户外运动产业链的有机融合，形成规制保障、产业引导、市场扶持等多层次的政策体系（见表 4-4）。

表 4-4　　　　　我国山地户外运动产业政策体系框架

政策分类	政策内容	政策工具
战略政策	政府制定战略性发展目标和规划，对产业发展进行战略性、纲领性、指导性、综合性的统筹布局	纲要、规划、指导意见 例：《山地户外运动产业发展规划》《户外运动产业发展规划（2022—2025 年》
产业政策	为实现产业经济目标而对产业形成和发展进行的干预政策	产业结构政策、产业布局政策等 例：《完善促进消费体制机制实施方案》《运动休闲特色小镇试点项目建设工作指导》

续表

政策分类	政策内容	政策工具
资金政策	运用财税政策和金融政策支持鼓励企业发展，对产业融资支持的主要措施	财税政策：财政补贴、税收减免等 金融政策：信贷支持、风险投资等 例：《国家税务总局关于实施高新技术企业所得税优惠有关问题的通知》、地方政府专项债券（体育类）、体育产业专项债券、体育保险等
区域政策	政府制定和实施的旨在协调、促进区域经济发展的条例、措施	地方政策、产业培育政策
支撑政策	为解决产业发展的相关问题，为产业发展提供服务和支撑诸要素的供给（人才培养、中介服务）等	人才建设政策、市场培育政策等 例：《国家体育总局全国体育人才发展规划（2010—2020年）》《宁夏回族自治区培养引进高层次体育人才实施办法（试行）》

2）山地户外运动产业政策体系存在的问题

随着我国户外运动产业进入新的发展阶段，特别是在体育产业高质量发展的新形势下，户外运动产业与区域经济发展的融合、户外运动与生态环境的协调发展等成为山地户外运动面临的新课题，现行政策环境存在的一些问题仍然需要我们关注。

（1）政策间的协调性不足

长期以来，有关户外运动产业的政策大多由国家体育总局发布，2014年，国务院发布了《国务院关于加快发展体育产业促进体育消费的若干意见》，此后出台的户外运动产业相关政策由国家发改委联合国家体育总局共同协调，越来越多的部委参与到行业的政策支持中去，如原国家旅游局、自然资源部、工业和信息化部等。多行业的管理为户外运动产业的发展提供了强有力的支撑，但部门之间的协调成为产业政策制定亟须解决的新问题。

一是中央政策与地方政策协调性不足。自然资源的管理与开发属于自然资源部与国家林草局等的管辖范畴，技术创新属于工业和信息化部，高质量服务属于文化和旅游部。由于部门职能分割、政策文件太多，地方政府和企业面对繁多的政策和不同的主管部门，需要花费大量的成本和精力。以对公开水域、森林等自然资源进行户外运动项目开发为例，多部门、多政策的管理与协调使得相关户外运动项目开发进展缓慢。

二是不同部门对户外运动产业主体的交叉管理标准不统一。随着户外运动休闲化的发展，户外运动项目与自然旅游产品的融合也越来越广泛。但山地户外运动与山地旅游的行业标准、准入制度等方面存在差异，因此在山地户外休闲运动组织管理上的难度逐渐凸显，表现在山地户外运动组织的资质、导游与领队的资质与职责等方面。一方面，开展户外休闲运动的组织以户外俱乐部为主，但户外俱乐部一般不具备旅行社资质；另一方面，旅行社不具备体育赛事或专业性体育活动的组织资质。

（2）区域政策特色不突出

这表现为：一是与国家产业规划中的重点区域战略协调性不足。2016年《山地户外运动产业发展规划》已明确了我国山地户外运动的发展布局，但到目前为止，仅成都市发布《成都市户外休闲运动总体规划》、贵州省发布《中国贵州山地户外运动大省建设规划》等，尽管大多数省市在体育产业发展规划中提及户外运动产业的发展方向，但并未与国家的重要区域政策相匹配。二是地方户外运动小镇规划趋同，缺乏特色。三是重点区域产业的支持政策较弱，缺乏相应的服务以及相关的金融政策支持。

4.3 我国山地户外运动产业现状

4.3.1 我国山地户外运动市场特征

改革开放以来，我国的体育产业化发展已经历40余年，从最初的"政府包办"到现在的市场主导下的多元参与，体育产业发展取得了较大突破，初步形成了多种所有制并存、产业结构合理的社会化体育体系。但受体制和经济发展的影响，总体上仍处在体育市场的培育与开拓阶段。户外运动作为一个小众的体育项目群，尽管随着体育产业化进程的推进，逐渐走进大众的视野，但是由于其专业性强、参与面小，存在一定的技术门槛，因此户外运动项目产业化程度较低。然而，同时期发达国家的户外运动产业已成为体育产业的重要组成部分，户外运动产业在促进区域特色体育旅游、带动大众体育休闲消费、提升体育旅游质量等方面具备极大的潜力。对于山地户外运动产业而言，厘清市场主体的关系是厘清山地户外运动产业市场结构的首要问题。总体来看，我国山地户外运动市场的主体分为两类：第一类为公共机构，包括国家体育总局、地方体育局、地方行政部门以及中国登山协会与地方登山协会等机构；第二类为非国家利益相关主体，包括企业、俱乐部等市场主体与个人。

4.3.2 公共机构

公共机构是指全部或者部分使用财政性资金的国家机关、事业单位和团体组织。其主要职责是在法定授权下，依法管理社会公共事务，提供公共产品，服务社会公众。通常来说，在我国，公共机构是指代表国家利益的政府机构。对于山地户外运动而言，中国登山协会以及各地方登山协会虽然属于具有民事主体的社团法人，但根据《中华人民共和国体育法》的授权，负责对全国户外登山运动进行管理，拥有行政管理权，代表着国家利益，因此，在这里我们将中国登山协会以及各地方登山协会列入公共机构范畴。

公共机构既是山地户外运动发展的主导者，也是合作者。国家或地方政府部门（体育局、文旅局）负责山地户外运动法规的制定和战略方向的引导，各级登山协会负责行业标准的制定和活动的组织。公共机构的这种主导地位在项目发展之初确实发挥着积极的作用，但在山地户外运动协同治理模式下，公共机构与其他市场主体的关系由公共机构具有绝对权力逐渐转变为公共机构与其他市场主体合作的关系。面对新的矛盾与冲突，政府部门的行政指令无权要求所有主体单纯地服从，除非政府是在履行法律授予的执法权或在自身法定职责范围内行使行政权力。政府的权力实质上演化为一种公共服务工具，主要用于回应社会诉求、解答公众疑惑和确保公平正义，这已经成为政府在进行社会治理时应遵循的原则和立场。

在我国山地户外运动产业的发展过程中，国家体育总局、地方体育局和各级行业协会等公共机构依然发挥着主导作用，在山地户外运动的相关法律法规、政策、标准的制定等方面呈现出积极的姿态，树立公正、公平的社会价值追求。由于山地户外比赛、活动等能带来巨大的社会效应与经济效益，因此各组织方、参与方等市场主体广泛参与，由此也带来了许多安全管理、环境保护等问题，需要公共机构协同利益攸关方共同协商解决，建立协同治理机制，实现公共治理的目的。

各级体育管理部门及登山协会也应不断适应时代要求，推动自身职能转变，在角色定位上从"主导者"转变为"合作者"，从"管理者"转变为"服务者"。这种转型意味着政府部门需要将山地户外运动的治理视为公共治理，体现社会合作、平等协商、公共选择和集体决策的重要价值。一方面，在各级体育管理部门等公共机构的主导和引导下，通过政策、法规，建立"公共机构–社会组织"的伙伴关系以及共同管理制度；另一方面，各组织方、利益相关方应以共识为导向，通过协商方式产生集体决策，并实施管理行动。

4.3.3 非国家利益相关主体

非国家利益相关主体主要是指市场主体与个人，代表着行业中各类企业及个人的利益。对于山地户外运动产业而言，市场主体主要包括从事山地户外运动活动及赛事组织的企业以及从事山地户外运动的个人。从事山地户外运动活动及赛事组织的企业掌握的信息与资源最多，社会影响力最大，因此，这些企业是最重要的市场主体。

1）企业

体育企业在山地户外运动活动和赛事中扮演着主要角色，对山地户外运动发展起着非常重要的作用。首先，一般来说，传统的赛事活动由体育赛事公司执行，但是山地户外运动赛事对场地、参赛者有着特殊的要求，赛事组织有一定的技术壁垒，普通的赛事公司无法完成山地户外赛事的组织工作。其次，普通的山地活动组织门槛较低，旅游公司与户外俱乐部都能参与其中，这些都给政府监管带来一定的障碍。因此，企业自治、行业自治成为山地户外运动赛事与活动组织的重要基础。在转变政府职能的同时，强化企业的治理作用、明确企业的治理职责已经成为山地户外运动协同治理的必然趋势。

体育企业作为市场主体中分量最重的组成部分，其所代表的利益也极具代表性，与公共机构通常有一种对抗关系，甚至市场主体之间也存在对抗关系，协同治理的目标就是在利益相关者之间达成某种程度的共识。体育企业在协同治理中应承担重要的社会责任，一方面，企业需要促进自身的健康发展；另一方面，企业发展需要安全、稳定的社会环境，应该积极与政府部门沟通，保持参与山地户外运动协同治理的主动性和责任感。此外，体育企业应自觉推动行业的健康发展，加强行业内的沟通，避免恶性竞争，做好市场主体间的协同。

2）行业组织

行业组织是指由作为行政相对人的公民、法人或其他组织在自愿基础上，基于共同的利益要求所组成的一种民间性的、非营利性的社会团体。这里讨论的行业组织不包括各级登山协会。山地户外行业组织的主要宗旨是维护行业发展，并为行业企业争取利益，其不具备行政职能，主要通过行业自治实现行业利益最大化，并且作为中介与公共机构进行沟通与协商，是山地户外运动协同治理的重要主体之一。然而，我国并未形成真正意义上的山地户外行业组织，随着山地户外运动市场主体的快速崛起，各主体之间利益冲突加剧，亟须建立真正意义上的山地户外行业组织，以实现山地户外运动的协同治理。

3）个人

个人是山地户外运动协同治理的新生力量。随着人们社会生活水平的提高，个人参与体育运动的热情逐渐高涨，而山地户外运动作为一种时尚健康的户外体育运动方式也更加吸引中青年爱好者参与。山地户外运动甚至改变了一批爱好者的生活方式，他们参加各类户外运动，在社交媒体中通过直播、图片展示等方式加深人们对山地户外运动的认识，他们既是参与者，又是推广者，对山地户外运动在社会中的开展发挥着重要的作用。山地户外运动不同于传统体育项目，其具有个性化特征，而这些个性化特征通过社交媒体等数字传播手段的展现，往往会取得比传统展现方式更好的效果。个人在进行山地户外运动推广时，也应承担准企业责任。因此，在山地户外运动领域，作为公共产品和服务的提供者，个人理应成为与政府、企业一起协同治理的重要力量。

4.3.4　多元主体关系

由于我国户外运动产业尚处在发展初期，市场发展仍需要政府的扶持，因此，以政府部门和协会为主体的公共机构对本产业的发展和运行仍具有主导权，集中表现为行业规则的制定、大型户外赛事的审批和举办、自然资源的开发等。从宏观层面看，公共机构对户外运动产业的规制具有话语权。然而，随着户外运动产业的不断开放，以及以体育企业或俱乐部为主的多元化主体的参与，我国培育出一大批以市场为导向的山地户外运动产业项目，因此，从微观层面看，这些多元化的主体凭借对资金、人才、品牌、技术和渠道等要素的掌控，在产业链及价值链中逐渐取得领导地位。

山地户外运动产业中既包含户外运动指导、体育旅游、户外赛事组织等第三产业（服务业），也包含户外运动装备制造等第二产业。面对体育旅游及户外赛事服务需求的复杂性及政府供给能力的有限性，要更加强调多元主体合作供给，并积极达成主体间良好的伙伴关系。对于户外装备制造业，多元化主体有利于拓展户外产业集群化发展。因此，我国的山地户外产业主体在客观上呈现出多样化、层次化的特点，且在相互关系上表现出合作与互补的特征。

4.4　我国山地户外运动赛事概况

4.4.1　山地户外运动的形成与赛事特征

1）山地户外运动的起源

从体育运动角度上来说，山地户外运动起源于1786年，两个夏慕尼当地人Michel-Gabriel和Jacques Balmat成为第一批仅仅为了这项运动而攀登法国阿尔卑斯山勃朗峰的人。在此之前，登山只是用于生活用途，而不是纯粹的运动。此后，登山运动催生了以登山或下山为中心的各种山地运动。现代山地户外运动无论在竞技层面上，还是在休闲层面上都越来越受到大众的欢迎，各种山地运动竞赛也开始流行。山地户外运动主要在山区和丘陵进行，运动项目主要包括登山、滑雪、山地自行车、自然岩壁攀岩、山地越野等。通常来说，山地运动都具有较高的风险，需要特殊的装备，并且需要经过专门的培训才能安全地进行。

2）国际知名山地户外运动赛事

山地户外运动会是一种山地户外运动项目的综合性赛事，美国是山地户外运动开展最广泛的国家之一。美国的 GoPro 山地运动会是世界最著名的山地运动盛会。该项赛事由 Joel Heath 在 2002 年创立，比赛包括激流漂流、山地自行车、公路自行车、钓鱼、越野跑等 25 个类别，融体育竞技、音乐盛典与山地运动于一体，全球 140 多个赞助商参与该项赛事的赞助。

越野跑是在山地小径中完成的赛事，欧洲是山地越野跑赛事的胜地。环勃朗峰超级越野赛（UTMB）和 MaXi-Race 赛事是国际山地越野跑的顶级赛事之一。环勃朗峰超级越野赛在阿尔卑斯山脉举行，因环绕勃朗峰一周而得名，全程 160 千米，穿越法国、瑞士、意大利三个国家，被认为是最难的越野赛之一，吸引了世界各国越野跑爱好者参加。MaXi-Race 赛事体系包括极限赛、精英赛、冠军赛、特色赛等，还包括儿童组、亲子组、团队组等，旨在为每个人提供挑战自然的机会，倡导旅行、探索和发现美丽的风景和文化。意大利的巨人之旅是欧洲顶级山地越野跑赛事，也是一个结合了长距离跑及凸显个人风格的跑步经典赛事。

山地自行车运动起源于美国。世界著名的山地自行车赛事包括

UCI山地世界杯、南非山地马拉松赛（Cape Epic）、新西兰先锋山地车赛、Crankworx山地车节、Red Bull Rampage等。南非山地马拉松赛是山地自行车比赛中的顶级赛事，与公路车环法、环意和环西三大环赛同级，因此也被誉为山地车中的"环法"赛事。

攀岩是从登山运动中衍生出来的运动项目，也是山地运动的一个特色项目。世界大型攀岩赛事的举办地几乎都在欧洲，如世界攀岩锦标赛、攀岩世界杯等。

皮划艇也是受大众欢迎的户外运动之一，其往往会作为山地运动会的一个综合项目。

3）山地户外运动赛事的市场特征

山地户外运动赛事的发展与社会经济的发展密切相关。在发达国家，山地户外运动赛事产业是体育产业的重要组成部分，它不仅满足人们对运动的爱好，也展现了人们对现代休闲生活的美好追求；它不但带来体育产业的繁荣，而且对山区经济与文化的发展有着重要影响。因此，山地运动赛事具有独特的市场特征。

（1）强烈的地域特征

对多数国家和地区而言，山地承载着丰富的民族文化，具有强烈的地域特征。在国际上，山地更是带有强烈的地域象征。因此，我们可以看到，国际上著名的山地赛事都在名山开展，例如，欧洲的阿尔卑斯山，非洲的乞力马扎罗山、日本的富士山等山峰都是世界著名的山地运动基地，我国的重庆武隆、广西阳朔、新疆天山等也是极具地方特色的山地运动基地。

（2）行业覆盖面广

与其他体育赛事不同，山地户外运动赛事产业是集体育运动、山地基础设施、旅游服务等多种因素于一体的产业。要举办山地户外运动赛事，首先，山地基础设施的建设要达到赛事举办要求。对于举办赛事的山区来说，基础设施的投资规模大，不仅涉及水、电、路、讯等各方面，还包括体育竞赛专项设施建设。其次，旅游服务也是办赛事的重要部分。现代户外运动赛事带有休闲属性，参与者广泛，运动员及观众来自国内外，且年轻人居多，对赛事服务要求较高，这对山区服务业提出不小的挑战。因此，山地户外运动赛事的举办对山区基层的公共服务、社会文化、基础设施建设都带来较大的影响。

（3）与当地社区文化、经济融合

现代体育赛事的商业模式与城市经济发展联系紧密，这对体育赛事的经济模式有较大的影响。在创造体育赛事价值的同时获取收入，达到社会组织的经济目标，并用以维持和发展赛事，这是体育赛事基本的经济模式。然而，在山区发展起来的社会组织具有独特性，在社区、文化、民族、身份认同感上不同于城市，体育赛事需要结合当地的传统文化、经济特点（手工艺、农业）才能融入山区经济发展模式。山地运动是现代体育的代表性项目，其通过与山区文化、经济相结合，将现代思想与传统文化融入山地运动赛事中，因此，山地户外运动赛事被赋予社会文化价值，形成了一种新的体育赛事经济模式。

（4）投资结构多元化

在我国现行的体育赛事体制下，在赛事投资方面，非营利组织的公共机构（政府、协会）占据着核心地位，但政府不再是单一的出资者，企业和个人逐渐加入赛事的投资主体中。由于山地户外运动赛事的参与者基本是业余和自愿的，赛事的主办不再沿袭传统的赛事组织模式，而是发挥赛事市场运营的优势，以赛事本身或休闲服务吸引更多的消费者，让体育爱好者为服务付费，在这一方面企业更具优势。体育赞助、社交媒体的宣传使山地户外运动赛事的商业性更强。因此，山地户外运动赛事的多元化投资就成为其可持续发展的基础要素之一。

4.4.2 我国山地户外运动赛事发展历程与现实状况

1）我国山地户外运动赛事的发展历程

20世纪50年代，户外运动项目由欧美发达国家传入我国，最早传入我国的有山地自行车、越野跑、攀岩等运动项目。户外运动作为一项新兴的体育运动，在传入我国之初仅作为民间活动开展，成为年轻人追求现代精神、勇于挑战的象征。随着露营、徒步、溯溪等户外休闲项目的发展，户外休闲运动逐渐走入大众视野，户外俱乐部数量也逐渐增多，这进一步促进了户外运动在我国的推广与传播。自2014年国务院发布《国务院关于加快发展体育产业促进体育消费的若干意见》，首次提出户外运动产业化发展、促进体育休闲消费以来，户外运动装备制造、户外体育旅游、户外运动赛事等产业蓬勃发展，2016年全国户外运动爱好者已达1.3亿人，户外用品市场规模达180亿元，户外运动市场规模逐渐形成，我国户外运动产业进入一个新的发展阶段。户外运动赛事产业作为户外运动开展的重要载体，也成为户外运动产业中的主要产业。

户外运动赛事是户外运动发展的助推器。2004年我国首次组队参加"2004七星国际越野挑战赛"，挑战赛吸引了20支来自不同国家（地区）的代表队参赛，尽管我国队员竞赛成绩不突出，但赛事所展现出来的独特魅力让有关部门对户外运动赛事的前景充满希望。2005年国家体育总局将山地户外运动设立为一项正式开展的体育项目，开始规范与完善户外运动赛事体系。随着欧美国家户外运动赛事的产业化发展，越来越多的赛事进入我国。山地运动赛事是我国最早一批发展起来的户外运动赛事，2006年第一届中国黄山（黟县）国际山地车节隆重举行，这是当时国内顶级业余自行车赛事，吸引了来自60多个国家（地区）的6 000余名选手参赛，同时这也成为国内外媒体齐聚的盛会。2008年，"中国青海高原世界杯攀岩赛"作为国际攀联主办的世界最高级别的攀岩赛事在西宁举办。2014年被誉为中国大陆越野跑比赛的启动之年，参赛人群总规模也由过去的几千人，扩大到几万人，全国完成100千米及以上距离赛事的人群也接近2 000人。国内拥有丰富山地资源的省份相继发布户外运动规划，将山地运动赛事列为重要的运动产业。随后，冰雪、自行车、马拉松等户外运动赛事如雨后春笋般涌现出来，既有专业赛事，也有大众休闲赛事，赛事规模越来越大，吸引的人群也越来越广泛，户外运动赛事体系逐渐形成。

2）我国山地户外运动赛事体系

山地户外运动是指在山地自然环境中开展的户外运动，2005年以来，国家体育总局登山运动管理中心以山地运动项目为中心打造赛事体系，以国际重大赛事、顶级商业性赛事为引领，以优势山地资源为载体，以赛事监管和赛事安全为支撑，不断丰富山地赛事供给，提升赛事品牌价值和服务质量。

为了保证山地户外运动赛事的顺利开展，中国登山协会依据主办方和承办方的级别，将我国山地户外运动赛事划分为A、B、C三个等级（见表4-5）。我国山地户外运动赛事以国际性山地户外运动公开赛（A级）最为知名。

表4-5　　　　　我国山地户外运动赛事级别划分

赛事级别	主要划分依据
A级	国家体育总局登山运动管理中心或中国登山协会主办或承办的国际性或全国性的规范性的竞技比赛，有规定的比赛项目，参赛人员为国内注册运动员和符合专项要求的国外运动员

续表

赛事级别	主要划分依据
B级	国家体育总局登山运动管理中心或中国登山协会主办，其他具有资质的办赛机构承办，有规定的比赛项目，参赛人员为专业的运动员和非专业运动员
C级	国家体育总局登山运动管理中心或中国登山协会主办，其他具有资质的办赛机构承办，具有比赛性质的活动或活动性质的比赛，参赛人员以非专业运动员为主

从项目特征分类，山地户外运动赛事主要分为山地越野跑、山地马拉松、山地自行车、自然岩壁攀岩、山地户外运动赛等。我国山地户外运动赛事主要由全国性的单项系列赛（如中国山马越野系列赛）和地方或者景区主办的商业赛事（如宁波山地马拉松赛、环鄱阳湖国际自行车大赛）等组成。各类赛事主要创立时间在2014年之后，也正是国家发布《国务院关于加快发展体育产业 促进体育消费的若干意见》之后。以山地越野跑赛事为例，专业越野跑杂志《亚洲越野》曾统计，2013年之前，我国每年的越野跑赛事不超过10场，到2018年，越野跑赛事已接近500场。各类体育赛事公司、地方景区也加入到主办方的行列，极大地丰富了山地运动赛事的供给。我国山地户外运动赛事分类见表4-6。

表4-6 　　　　　　　　　　**我国山地户外运动赛事分类**

赛事类别	代表赛事	赛事等级	主办单位	赛事简介
山地越野赛事	中国山马越野系列赛	B类	中国登山协会	2016年创立

赛事类别	代表赛事	赛事等级	主办单位	赛事简介
山地越野赛事	China100 山地越野赛	B类	国家体育总局登山运动管理中心、中国登山协会	2013 年创立，中国最知名的山地越野赛事，参赛人数超过 10 万人
	崇礼 100·超级天路越野挑战赛	C类	山海悦动体育发展有限公司	2015 年创立，获得 UTMB 和 ITRA国际认证的积分赛事
山地马拉松赛事	宁波山地马拉松赛	全国	宁波市江北区人民政府、宁波市体育局	2014 年创立，华东地区规模最大的山地马拉松赛事
	北京国际山地马拉松	B类	北京市顺义区文化和旅游局、顺义区登山协会	2015 年创立
	中国山地马拉松系列赛	B类	国家体育总局登山运动管理中心、中国登山协会	2016 年创立，赛事分布于全国十几个省区市
自然岩壁攀岩赛事	中国攀岩自然岩壁系列赛	A类	中国登山协会	2017 年创立，国内唯一的国家级自然岩壁攀岩赛事
	四川自然岩壁攀岩精英赛	省级	四川省登山户外运动协会、广元市体育局	2022 年首届
	KAILAS 凯乐石阳朔攀岩节	国际	阳朔县政府、凯乐石品牌	2011 年创立

赛事类别	代表赛事	赛事等级	主办单位	赛事简介
山地户外运动赛	中国国际山地户外运动公开赛	A类	国家体育总局登山运动管理中心、中国登山协会	2003年创立，世界知名赛事，包括越野跑、骑跑交替、山地自行车、皮划艇、溜索、漂流、溯溪、速降、暗河穿越等项目
	全国山地户外运动挑战赛	A类	国家体育总局登山运动管理中心、中国登山协会	2009年创立，综合性户外挑战赛，包括越野跑、山地自行车、皮划艇等
	中国四明山百公里山地户外运动挑战赛	全国	中国登山协会、宁波市体育局等	2018年创立
山地自行车比赛	中国山地自行车公开赛	全国	国家体育总局自行车击剑运动管理中心	2016年创立
	全国山地自行车锦标赛	A类	国家体育总局自行车击剑运动管理中心	2012年创立
	环鄱阳湖国际自行车大赛	国际	江西省人民政府	2009年创立，江西省规模最大、影响最大的山地自行车比赛
登山比赛	中国健身名山登山赛	全国	中国登山协会	2012年创立，中国最大规模的主题巡回登山赛事
	泰山国际登山节	国际	中国登山协会、山东省文化和旅游厅	1987年创立
	梵净山登山大赛	全国	铜仁市人民政府、贵州省体育局	2015年创立

3）我国山地户外运动赛事特征

整体来看，我国的山地户外运动赛事主要由政府主导，户外俱乐部、赛事公司以及装备制造企业等主体参与主办。赛事项目结合地形特点和民俗特色，突出区域特色。尽管各项赛事开展有一定差异，但总体上仍体现出社会参与面广，品牌效应突出，与文化、旅游融合度高等特征。

（1）赛事参与人群广泛

2014年后我国山地户外运动赛事进入高速发展期，山地户外运动从专业技能高、小众化的项目，逐渐发展成为全民健身的重要体育活动。主要表现为：

第一，参与人数多。国家发改委发布的《2017年体育消费发展情况》中显示，2017年我国泛户外（每年至少参加一次户外运动）人口已达1.3亿~1.7亿人，经常参加山地户外运动的人口达到6 000万~7 000万人。以山地马拉松、山地越野跑赛事为代表，这两项赛事参与规模发展迅速，早在2012年，深圳山地马拉松便吸引了1万余人参赛；宁波山地马拉松2014年参与人数3 000人，2019年达到6 000余人。近些年来，全国越野跑举办场次由2009年的2次，发展为2018年的475次（如图4-1所示）。2018年全国44.26万人次参与越野跑，复合年均增长率高达45.12%。从举办赛事场次和参赛人数来看，市场规模在迅速扩张，也因此吸引了越来越多的主办方参与，既包括政府部门，也包括户外俱乐部和景区。

第二，覆盖范围较广。以中国山马越野系列赛为例，该项赛事从2016年到2019年，4年间共举办了34站次，分布于全国十几个省区市，覆盖范围广。

第三，参与者角色多元化。传统体育赛事的参与者往往以专业运动员为主，而山地户外运动赛事的参与人群角色更为多元化，大部分

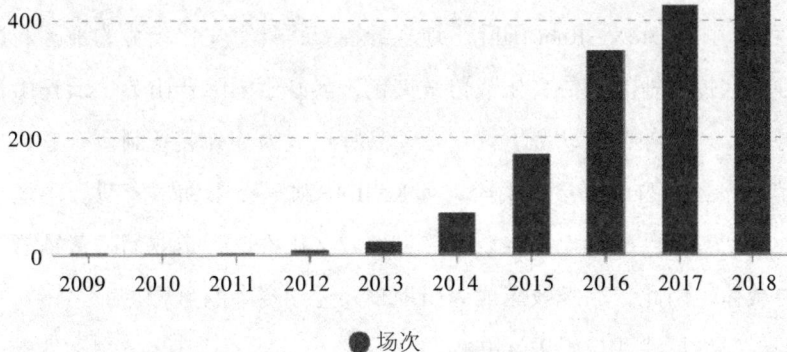

图4-1　2009—2018年全国山地越野跑举办场次

数据来源：中国田径协会与中国登山协会官网统计数据.

赛事中专业运动员所占比重较少，大众爱好者居多。例如，2020崇礼超级山地定向越野赛中设立亲子家庭组，年龄最小的3岁，最大的65岁；2016年KAILAS凯乐石阳朔攀岩节最小参赛年龄为6岁。山地运动赛事正在成为一项时尚休闲比赛。

（2）品牌效应突出

近年来，随着山地户外运动赛事的迅速发展，越来越多的知名景区、户外装备制造商参与到户外赛事的举办中来。在政府和企业的推动下，创造了一批知名的山地户外品牌，主要包括：具有国际影响力的中国国际山地户外运动公开赛，具有国内影响力的中国山地马拉松系列赛、中国健身名山登山赛，由景区创立的环鄱阳湖国际自行车大赛、崇礼100·超级天路越野挑战赛，以及由企业参与创立的KAILAS凯乐石阳朔攀岩节、TNF100越野跑挑战系列赛等。

与传统体育赛事不同，山地户外运动赛事具有休闲、娱乐、挑战、亲近自然的特征，因此，在"体育+"理念上具有广阔的想象力和创造力空间，"体育+文化+旅游"的模式也使山地户外运动赛事被赋予了更多的品牌价值。例如，拥有旅游资源的景区利用办赛扩大景区和地方知名度，如梵净山登山大赛、崂山100公里国际山地越野挑战赛、阳朔MaXi-Race国际山地越野赛等；具有文化优势的地区利用办赛宣传当地的民俗文化或传统文化，如泰山国际登山节、云丘山越野赛等。此外，借助赛事营销运动品牌也成为户外装备制造企业扩大品牌知名度的重要营销手段，如KAILAS凯乐石阳朔攀岩节。山地户外运动赛事已成为地方旅游宣传、地域文化推广、企业品牌营销的重要载体。因此，品牌效应成为山地户外运动赛事的重要特征之一。

（3）挑战性与娱乐性并存

山地户外运动是由欧美发达国家的探险旅游发展而来的。探险旅游在欧洲有着悠久的历史，它是以身体活动为基础的自然冒险旅游，是一种探索自然、挑战自我的旅游方式，如白水漂流。在探险旅游的过程中会开展攀岩、漂流、划船、溯溪、探洞等活动，以达到旅游的目的。面对不同的具有挑战性的自然环境，游客们需要掌握专业的户外技能、配备更安全的户外装备才能实现旅游活动。随着国外探险旅游业的发展，各项户外技能逐渐成熟，由此就形成了现在的户外运动项目。户外运动项目本身就具有挑战和冒险的属性，正是由于这一点，其被贴上现代运动的标签，受到年轻人的喜爱。

近年来，户外运动向着休闲化发展，如登山、亲子越野跑等也成为人们喜爱的户外运动项目。由于在自然环境中开展的项目本身就会激发人们的探险精神，因此，无论是休闲的登山、溯溪，还是专业性强的攀岩，挑战性都成为吸引人们的第一特征。

娱乐性是当前山地户外运动赛事的另一突出特征。以美国的GoPro山地运动会为例，其始于2002年，由美国韦尔山谷基金会主办，是当今美国规模最大、影响力最强、最负盛名的户外运动盛会。尽管丰富的各类户外运动竞赛是GoPro山地运动会的重要部分，但是啤酒花园、家庭儿童乐园等多样化的山地运动文化传播，全球直播互动等多种时尚元素的加入，更使这项赛事成为融体育竞技、音乐盛典与山地运动于一体的具有代表性的赛事，2019年有超过8万名观众参与其中，户外运动赛事的现代娱乐性得到淋漓尽致的体现。

虽然我国的山地户外运动赛事起步晚，市场远不如欧美国家成熟，但是在赛事的发展之初就与国外山地户外运动赛事接轨，将更多的现代元素融入赛事之中。例如，在中国国际山地户外运动公开赛举办期间，同步进行仙女山国际露营音乐节、全国徒步大会等活动；在中国洪江·雪峰山全国山地户外运动俱乐部挑战赛期间，举办多场文艺演出、大型音乐焰火晚会等系列活动，在赛程设置上，将户外运动项目与当地丰富多彩的人文景观相结合，设置了如古城寻宝、雪峰探险、峡谷漂流、竹排竞划等具有文化特色的项目，体现出洪江市独特的文化内涵；在百色乐业国际山地户外运动挑战赛期间，举办了极具民族特色的欢歌乐业滇黔桂三省（区）山歌歌王擂台赛，深度挖掘了三省（区）乡土文化，延承民族艺术精品，展示民间艺术风采，达到增进三省（区）民族友谊，增强旅游文化底蕴的目的。

（4）赛事具有较大的商业潜力

目前，美国的户外休闲行业正处于黄金发展期，2020年美国户外休闲参与报告数据显示，有53%的6岁及以上美国人至少参加过一次户外娱乐活动，是参与率最高的体育项目。在2020年，青少年骑自行车的参与率为60%，参加户外娱乐活动人数比上一年多了710万人，户外运动成为美国人最受欢迎的运动之一。美国商务部经济分析局（Bureau of Economic Analysis，BEA）的数据显示，2019年美国户外休闲产业创造了7 880亿美元的经济产出，2021年美国户外休闲产业创造了8 620亿美元的经济产出，占GDP的1.9%，表明即使在经济受到疫情影响的时期，美国的户外休闲产业仍具有持续的发展动力。

2019年美国人均GDP超过6万美元，同年我国人均GDP突破1万美元，仅为美国的16.7%。从户外休闲产业的发展阶段看，人均GDP达到8 000美元即意味着户外休闲产业即将进入快速发展期。尽管现阶段我国每年约有1.3亿人参与徒步旅行、休闲户外等运动（占总人口的9.2%），有6 000万人参与登山、攀岩等运动（占总人口的4.3%），从参与户外休闲活动的人口比例来看，也与美国存在着较大差距，但是我国人口基数大，随着人均GDP的持续增长、社会经济文化的快速发展，参与户外运动人口的数量将迅速增长，户外休闲产业也将迎来快速增长期。《户外运动产业发展规划（2022—2025年）》中提出，到2025年我国户外运动产业总规模将超过3万亿元。以四川阿坝州四姑娘山景区为例，其凭借景观资源和冰川地质地貌，举办攀冰、徒步、自行车、越野跑等户外运动赛事，品牌影响力越来越大，年接待专业户外运动人员超过2万人次，户外运动产业每年为当地带来超过5 000万元的经济效益。

竞赛是山地户外运动产业的本体产业，具有很强的产业黏合性、辐射性和带动性。山地户外运动赛事的发展，将带动参与人群规模的增长，以及品牌赞助市场、户外产品的制造与消费、当地旅游服务消费、山区农业及手工业等相关产业的全面增长。从我国户外休闲经济的发展前景看，山地户外运动赛事行业具有巨大的发展潜力，而且在"赛事+"的模式上具有丰富的扩展空间，户外赛事与文化、旅游、农业等要素的融合，也将使山地户外运动赛事产业链拓深延展。

（5）深度融入的绿色理念

山地户外运动对自然环境有着强烈的依赖性，清新的空气、多样的地形，以及风景和文化景观是吸引人们参与和体验户外运动的基本要素。因此，绿色理念是山地户外运动赛事的核心理念。这种绿色理念体现在赛事的每一个方面。以2008年北京奥运会山地自行车赛场为例，在赛道的设计与修建方面，尽量维持北京石景山老山地区的山坡地貌和植被状况；对参赛者进行环境教育，主办方将环保要求列入《比赛须知》中，呼吁所有选手在比赛期间注意环境保护，不得随意丢弃垃圾，而要丢入补给站或赛道旁的垃圾箱中；不得将火种带入林区，景区及赛道内全程禁烟；不得投喂、伤害野生动物，乱砍乔木、灌木枝丫，保持景区内生态平衡等。

4）我国山地运动赛事行业面临的主要问题

（1）多部门协同管理体制尚待完善

尽管我国山地户外运动发展迅速，赛事众多，但是总体规模仍然较小，产业基础较为薄弱，体系不够健全，尤其是多部门协同管理体制需要完善。目前，我国山地户外运动的管理归属于国家体育总局下属的中国登山协会，为了规范山地户外运动的开展，中国登山协会出台了《中国登山协会攀岩训练基地管理办法》《国内登山管理办法》《中国山地户外运动竞赛规则》《中国登山协会群众攀岩赛事和活动管理办法》等一系列管理措施。但是，在新兴的户外项目如山地越野跑、山地自行车等项目上却存在多部门协同管理的问题。以山地越野跑为例，2014年中国田径协会发布的《中国田径协会路跑委员会工作条例》中规定：

第二条 本办法所提到的马拉松及相关运动包括：

马拉松：42.195千米的长距离跑步运动；

马拉松相关运动：由马拉松运动派生出来的所有在室外进行的（包括公路上、体育场馆外的跑道上、自然条件形成未经人工硬化的道路上）的长距离跑步、长距离行走以及接力，包括超长马拉松、半程马拉松、迷你马拉松、越野跑、山地跑、公路接力等。

从这一点可以看出，越野跑、山地跑的管理归属于中国田径协会。然而，2021年中国登山协会发布了《山地越野跑办赛指南》，对山地越野跑的项目分级、赛事组织标准和办赛条件也做了相关要求。

也就是说，两个协会对山地越野赛的实施都可以进行管理。因此，我们可以看到在社会上既有中国登山协会主办的中国山马越野系列赛，也有中国田径协会主办的TNF100越野跑挑战系列赛、黄山越野跑锦标赛等。

与此类似的还有山地马拉松比赛，中国田径协会出台了一系列马拉松竞赛管理办法，包括《马拉松竞赛管理裁判工作手册》《中国田径协会路跑赛事运营公司管理办法》《中国田径协会路跑赛事管理办法》。山地马拉松作为马拉松赛事的一个类型往往也被纳入中国田径协会的管辖范畴。由中国田径协会与地方政府、景区管理部门联合举办的山地马拉松赛有宁波山地马拉松赛、庐山国际山地半程马拉松赛等。同样，中国登山协会2019年发布了《中国登山协会中国山地马拉松系列赛竞赛规则（2019—2020）》，并主办了北京国际山地马拉松、中国山地马拉松系列赛等。山地越野跑、山地马拉松赛事的相关管理措施见表4-7。

表4-7　　　　山地越野跑、山地马拉松赛事的管理措施

项目	中国登山协会	中国田径协会
山地越野跑	《山地越野跑办赛指南》	《中国越野跑运动赛事组织标准》
山地马拉松	《中国登山协会中国山地马拉松系列赛竞赛规则（2019—2020）》	《中国田径协会路跑委员会工作条例》《中国田径协会路跑赛事管理办法》

值得一提的是，中国登山协会与中国田径协会尽管都归属于国家体育总局，但都是独立的协会，对各自的赛事有着独立的管理权，因此出现了不同组织形式与管理模式的山地户外运动赛事。此外，一些景区管理部门和户外俱乐部也加入到办赛行列中，对赛事更是缺乏监管，于是就出现了赛事开展火热但组织混乱的现象，这也是导致

2021年甘肃省白银市发生山地马拉松事故的重要原因之一。

目前，多部门协同管理体制不健全是山地户外运动赛事组织开展的重要问题之一，单项协会、地方政府、企业的多方参与导致参与主体众多，跨部门协作机制不健全，使山地户外运动赛事的管理出现了诸多困难，如赛事举办标准缺乏协同认证、赛事规则不统一、赛事缺乏统一监管等。

（2）赛事市场秩序不规范

2014年，为了激活体育市场，国家体育总局发文，除全国综合性运动会和少数特殊项目赛事外，包括商业性和群众性体育赛事在内的全国性体育赛事的审批一律取消。我国体育赛事产业市场迅速发展，大量资本涌入体育赛事领域，体育产业呈现出前所未有的活力，同时，各类山地运动赛事蓬勃发展。然而，赛事经济发展的同时，也暴露出了体育赛事市场秩序不规范的问题，例如，行业缺乏强制性标准、办赛企业准入门槛低。

在我国，山地户外运动的开展主要依托户外俱乐部，山地户外运动赛事大多是由地方政府、景区管理部门与户外俱乐部合作办赛。然而我国在山地户外俱乐部的管理上缺乏足够的市场化运作机制，一些俱乐部为吸引眼球采取低价竞争等不规范操作，造成恶性价格竞争，扰乱了市场秩序。当前大多数户外俱乐部的盈利主要来自户外运动用品销售和商业团队拓展训练取得的经营收入，赛事服务只是作为吸引会员的手段，这经常会造成俱乐部办赛服务投入不足的局面。此外，为拓展市场经营范围，个别旅行社以特种旅游的名义进行山地户外运动赛事的组织。旅行社的非规范介入加剧了山地户外运动赛事市场的混乱局面，赛事安全隐患、服务质量等问题严重影响了山地户外运动赛事的市场运行。

（3）"赛事+"融合深度不够

以山地户外运动赛事为载体，推动体育产业与旅游业、农业等区域第三产业融合是山地户外运动赛事发展的主要动力，然而随着赛事数量的增多，比赛同质化现象日趋严重，产业相对单一，特别是"文体旅"没有深度融合。目前，山地户外运动赛事产品开发模式比较单一，市场运作水平不高，主要靠赛事吸引人流来拉动景区门票、餐饮、住宿等消费，当地社会参与的广度和深度还不够，尚未与区域旅游、文化、农业等产业融合发展，产业链条不完善，发展态势尚未凸显，缺乏可持续性。

"赛事+"在融合过程中主要存在结合度不高的问题。首先，部分资源的利用过于简单，资源效益未达到最大化，表现在赛事旅游平台的共建、赛事组织人才的交流、赛事服务业与当地第三产业的协同、旅游资源与赛事资源的共享等方面。其次，赛事产业与当地产业融合架构模糊。比如，缺乏整合的焦点意识，品牌效应不突出。最后，融合制度建设落后，存在较强的随意性，并未构建相应的规章制度与政策系统，规章制度的不完善与缺失，致使"文体旅"三大产业的结合面临着无序化困境，限制了三大产业融合发展的脚步。

（4）市场开发程度不高

山地户外运动赛事的发展离不开山区的基础发展，不仅需要基本的基础设施建设，更需要诸多配套服务，这对于非景区的山区来说是比较薄弱的。尽管山区山地户外资源丰富，具备打造户外赛事的条件，但如果基建设施不足、社会服务水平较低，就会使得整体开发程度不高，资源利用率低，场地路线、交通指引等基础设施落后，户外救援、技能培训等配套服务不够完善，甚至部分场地开发设计不科学、不合理，这些都成为阻碍山地户外运动赛事市场开发的重要因素。此外，受思维模式的影响，如果当地政府或景区管理部门，以及赛事运营主体对赛事的市场化运营程度不深，也无法产生真正意义上的山地赛事市场。

4.5 我国山地户外运动小镇发展前景

特色小镇的本质是什么？2015年《浙江省人民政府关于加快特色小镇规划建设的指导意见》（现已失效）中曾对特色小镇进行定义："相对独立于市区，具有明确产业定位、文化内涵、旅游和一定社区功能的发展空间平台。"罗锐等学者指出，山地户外运动小镇是以创造产业价值和满足人们体育旅游和体育休闲消费需求为前提，以山地户外运动为核心，融合旅游、文化、农业等多业态，在一定空间区域内聚集餐饮、住宿、交通运输、旅游、商业、文娱演出6大要素，并形成产业要素有机融合的山地户外运动空间区域、产业基地①。本书认为山地户外运动小镇是以山地运动项目为载体，聚焦文化、旅游、度假、商业、农业等多种业态，融运动、休闲、旅游、娱乐等多种功能于一体，具有明确产业定位与文化内涵的空间。也就是说，山地户外运动项目只是山地户外运动小镇其中的一个元素，如何以运动项目为依托，利用独特的自然资源、文化资源和体育资源构建产业链才是建设山地户外运动小镇的目的。

4.5.1 建设山地户外运动小镇的意义

1）是新型城镇化建设的重要举措

山地户外运动小镇并非建制镇，而是一个生态环境良好，生产、

---

① 罗锐，鲍明晓，蔡林. 山地户外运动特色小镇产业开发研究 [J]. 首都体育学院学报. 2019（7）：311-315.

生活、配套服务设施相对齐全的新型社区。在建设中强化小镇所具有的生活功能，促进农村地区经济社会快速发展，缩小城乡差距，推动破解城乡二元结构难题。

2）是促进健康中国战略实施的重要举措

健康中国战略是国家战略，特别提出要"发展体育事业，推广全民健身，增强人民体质"。当前，面对广大人民群众日益增长的体育健身需求，政府所能提供的体育健身设施、科学健身指导服务还远远不够。山地户外运动小镇是全民健身新平台，它以山地运动为主题，形成山地运动休闲项目群，满足以家庭为单位人群、各年龄段人群的运动休闲需求。建设山地户外运动小镇，能够调动各级政府、社会力量广泛参与的积极性，加速推动形成全社会参与的全民健身格局；提升户外运动的功能与价值，提升广大群众的获得感和幸福感。

3）是促进体育产业发展和体育供给侧结构性改革的重要举措

山地户外运动小镇是体育旅游综合体，能够把体育和旅游融合起来，产生裂变效应，创造新供给，形成新产业链。人们在周末、节假日到户外运动小镇参与运动，可以促进消费、扩大内需，吸引长效投资，带动小镇所在区域体育、健康及相关产业发展，推动形成各具特色的运动休闲产业聚集区，形成与当地经济社会相适应、良性互动的全民健身和运动休闲产业发展格局，形成辐射带动效应，为城镇经济社会发展增添新动能。

4）是促进脱贫攻坚和区域经济发展的重要举措

许多贫困地区山清水秀，生态环境良好，旅游资源丰富，具备建设山地户外运动小镇的潜力和条件。新型小镇的建设可聚集先进生产要素，成为一个经济增长极，发展到一定程度后再将先进生产要素扩散开来，带动地区经济社会发展，增加就业岗位，提高居民收入。

4.5.2 我国山地户外运动小镇的开发现状

2016年7月，住建部、国家发改委、财政部联合发布了《住房城乡建设部 国家发展改革委 财政部关于开展特色小镇培育工作的通知》，2017年国家体育总局办公厅发布了《体育总局办公厅关于推动运动休闲特色小镇建设工作的通知》，随后公布了全国第一批96个运动休闲特色小镇试点项目，其中包含20余个山地户外运动小镇，中国登山协会向各小镇提供山地运动设施标准化设计样式，配置山地运动赛事资源。建设山地户外运动小镇的目的是将山地户外运动产业平台化，助力区域新型城镇的建设和健康中国建设，促进山区脱贫工作的开展，持续推进乡村振兴。

从我国山地户外运动小镇的地域分布来看，其集中在民营经济发达或者山地旅游资源丰富的地区（见表4-8）。

表4-8　　　　　　　我国部分山地户外运动小镇开发情况

典型案例	山地运动项目	开发模式
贵州安龙国家山地户外运动示范公园	攀岩、徒步、山地越野、山地自行车、探洞	体育+度假
河北武安九龙山山地运动公园	山地马拉松、山地自行车	体育+旅游+文化
斋堂镇北京国际山地户外运动基地	徒步、山地自行车	体育+旅游+文化
拉萨羊八井户外运动小镇	登山、徒步、攀岩	体育+旅游
青藏高原山地户外运动示范基地	徒步、山地自行车、攀岩	体育+产业链
佛山市山湖谷·山地户外运动基地	桨板、皮划艇、攀岩、徒步	体育+度假

续表

典型案例	山地运动项目	开发模式
湖南洪江山地户外休闲运动基地	山地越野、速降、竞筏、峡谷漂流	体育+旅游
宁海国际山地户外运动基地	徒步、定向越野、山地自行车	体育+旅游
西藏林芝国家山地户外运动基地	山地自行车、山地马拉松	体育+旅游
浙江大明山景区运动休闲旅游基地	溯溪、桥降、攀岩、探洞	体育+旅游
贵州者相镇山地户外运动小镇	徒步、山地马拉松	体育+旅游
广西马山县攀岩特色体育小镇	攀岩、山地马拉松	体育+文旅+扶贫
四川青白江山地自行车运动基地	山地自行车、定向越野、攀岩	体育+旅游

4.5.3　助力山地户外运动小镇发展对策

1）政策方面

在政策方面，为了促进山地户外运动的发展，政府应加大政策支持和投入力度。政府可以出台更多有针对性的政策，如资金扶持和税收优惠措施，以支持山地户外运动相关产业的发展。通过向企业提供资金支持，政府可以帮助它们克服资金压力，投资于创新、设备更新和培训项目。税收优惠政策也是激励企业扩大经营、吸引投资和创造就业机会的重要手段。政府可以通过税收优惠或为符合条件的企业提供税收抵免，来鼓励行业的增长和长期可持续发展。

除了财政支持措施外，政府还应重视基础设施建设的投入。在山区建设步道和便利设施并进行良好的维护，可以提升户外运动爱好者的整体体验。政府还可以拨款改善进入山区的交通条件，修建游客中心，并建立安全防护措施，确保参与者的安全。

在山区举办体育赛事可以促进当地旅游业的发展，吸引国内外游客的到来。政府可以通过为赛事组织者提供资金援助、宣传推广、后勤支持等方面的帮助来支持赛事的举办。通过展示山区的自然美景和提供冒险机会，这些赛事可以为当地社区带来经济效益，同时也为该地区树立起一个优秀的户外运动目的地形象。

为了最大程度地发挥这些政策的作用，政府还应注重山地户外运动的宣传和推广。政府可以通过战略性的广告宣传活动、数字平台建设和与旅游机构的合作，提高公众对山地户外运动的认知。这种有针对性的宣传可以吸引更广泛的受众，包括冒险爱好者、自然爱好者和寻求难忘户外体验的家庭。

2）多元化运动项目

跟随时代的发展步伐，山地户外运动小镇可以提供更加多元化的运动项目，以满足不同游客的需求。除了传统的徒步、骑行、攀岩等项目外，还可以引入定向越野、山地马拉松、滑翔伞等新兴项目，增加运动的趣味性和挑战性。

定向越野是一项结合地图和指北针来完成的户外活动，参与者需要在指定的时间内找到特定的地点。这种项目不仅考验参与者的体能，还需要他们具备良好的导航能力和决策能力。定向越野的引入可以为喜欢冒险和解谜的游客提供新的挑战和乐趣。

另一项新兴的山地户外运动项目是山地马拉松。相比传统的公路马拉松，山地马拉松更具挑战性和观赏性。参与者需要跑过崎岖不平的山路和陡峭的山坡，同时欣赏周围壮丽的自然景色。这种项目吸引了众多跑步爱好者和户外运动爱好者，他们可以在挑战自我、感受自然的同时享受跑步的乐趣。

滑翔伞也是一项引人瞩目的新兴山地户外运动项目。在山地户外运动小镇，可以提供适合滑翔伞起飞和降落的场地，吸引那些喜欢高空冒险和极限运动的游客。参与者可以从山顶起飞，鸟瞰山区壮丽的景色，感受自由飞翔的快感。这种项目不仅能够吸引滑翔伞爱好者，还可以为普通游客提供独特的观赏视角和体验。

提供多元化的运动项目可以满足不同游客的兴趣和需求，增加运动的趣味性和挑战性。山地户外运动小镇可以通过举办定向越野比赛、山地马拉松赛事和滑翔伞表演等活动来吸引更多的游客和参与者。这些项目的引入不仅可以促进当地旅游业的发展，还可以对区域经济产生积极的影响。

3）科技助力运动体验

随着科技的发展，山地户外运动还可以引入更多科技元素，如智能穿戴设备、无人机拍摄、虚拟现实等，以提升游客的运动体验和安全保障。

智能穿戴设备在山地户外运动中起到了关键的作用。例如，智能手表和智能眼镜可以提供实时的导航、心率监测、海拔等信息，帮助参与者更好地掌握自己的身体状况和位置信息。此外，一些智能穿戴设备还具备紧急求救功能，如果发生意外情况，参与者可以通过设备发送求救信号，以便及时获得援助。

无人机技术的应用为山地户外运动提供了独特的视角和精彩的影像记录。无人机航拍可以让游客欣赏到更广阔的山区美景，同时也可以用于赛事的直播和宣传。无人机的使用不仅提升了游客的观赏体验，还为组织者和参与者提供了更多的数据和回放素材，以改进训练和分析运动技巧。

虚拟现实技术的应用为山地户外运动带来了全新的体验。佩戴虚拟现实头盔，游客仿佛置身于真实的山地环境中，感受攀岩、滑雪等运动带来的刺激和挑战，而无须实际进行这些活动。这不仅为那些因身体条件所限或不愿冒险的人提供了机会，同时也为初学者提供了一个安全的练习平台。

在现实中，引入智能穿戴设备、无人机拍摄和虚拟现实技术的山地户外运动小镇，会提升游客的体验感和安全保障。游客在参与活动前会被配备智能手表和智能眼镜，这些设备会提供实时的位置信息、身体指标和导航功能，确保他们能够安全地进行运动。同时，无人机会进行航拍，将游客在山地运动中的精彩瞬间记录下来，供他们回顾和分享。此外，游客还可以体验虚拟现实技术，通过虚拟现实头盔感受真实的山地运动场景，体验更多的乐趣和刺激。

4）环保理念与可持续发展

在推动山地户外运动发展的同时，山地户外运动小镇还要更加注重环保和可持续发展。例如，通过推广绿色出行、减少资源消耗、保护生态环境等措施，实现社会效益和经济效益的双赢。

推广绿色出行。为减少对环境的影响，山地户外运动小镇可以鼓励游客使用环保交通工具，如公共交通、电动车辆或自行车等。同时，为游客提供便利的停车设施和充电桩，以促进可持续交通方式的使用。如建设自行车租赁站点，并提供便捷的自行车道路网络，游客可以通过骑行探索周边山区，减少汽车尾气对环境的污染。

采取措施减少运动活动中的资源消耗。山地户外运动小镇可以引入环保型设备和材料，如可再生能源供电、可回收材料的使用，以减少对环境的负面影响。另外，小镇还可以鼓励游客携带可重复使用的水瓶和餐具，减少一次性塑料制品的使用，推广环保理念。

保护周边的生态环境，确保运动活动对生态系统的影响最小化。山地户外运动小镇应注重采取合理的路线规划和标识，以避免对植被和野生动物生存环境的破坏。小镇可以定期进行生态环境监测和评估，及时发现问题并采取相应的保护措施；还可以与当地环保组织合作，共同制订生态保护计划，包括设立生态保护区、推广低环境影响的活动方式、开展生态教育等，以确保运动活动与生态环境的和谐共存。

5）文化旅游融合发展

山地户外运动小镇可以将体育与文化旅游相结合，打造具有地域特色的户外运动品牌。通过挖掘当地的历史文化、自然风光等资源，丰富户外运动的文化内涵，提升小镇的知名度和吸引力。

例如，位于历史悠久山区的山地户外运动小镇，组织者可以开展文化探索活动，带领参与者到当地的历史遗迹和文化景点开展运动项目。在运动过程中，讲解员可以向参与者介绍当地的历史和文化故事，增加游客对小镇的兴趣和了解。山地户外运动小镇可以利用自然环境和户外场地，举办具有地域特色的文化表演，如在山地户外运动休息时间，安排具有当地特色的民族舞蹈、音乐演出等，让游客在欣赏自然风光的同时，体验当地独特的文化艺术。小镇还可以组织文化体育赛事，将体育竞技与当地文化元素相结合。例如，举办山地自行车赛事时，可以在赛道沿线设置当地特色文化展示点，让选手和观众在比赛间隙了解当地的传统工艺、民俗活动等。这样的赛事不仅可以吸引运动爱好者，还能促进当地文化的传承和发展。还可以在小镇开展将自然景观与文化元素相结合的户外运动，如组织历史文化徒步游，沿途讲解当地的历史古迹并解读文化背景，让参与者在运动中领略山区的自然美景和文化魅力。

5

山地户外运动对生态环境的影响机制

5.1 体育运动与生态环境的关系

5.1.1 体育与环境促进

生态环境是人类生存、繁衍的物质基础；保护和改善生态环境，是人类生存和发展的前提。人类为了生存和发展，开始毁林开荒，这就在一定程度上破坏了环境。体育与自然环境有着密切关系，在 19 世纪和 20 世纪早期，体育赛事基本上都是在户外的田野和其他公共空间举行的。随着各种形式体育运动的发展，体育产业逐渐已成为人类经济发展重要的产业之一。然而，体育场馆、基础设施的兴建、人口流动的增加、体育产品的生产，也大大增加了人类的环境成本。

20 世纪中后期，除了举办比赛的体育场馆和其他活动设施外，人们还建设了停车场、餐馆和其他娱乐设施，尽管现代体育运动本身对环境的影响相对较小，但是随着体育产业的快速发展，体育场馆的建造、大型比赛的举办所带来的环境破坏、商品垃圾等，正在造成重大的环境危害。能源消耗、空气污染、温室气体和消耗臭氧层物质的排放、废物处理、废物利用以及对生物多样性的影响都是体育界需要解决的问题。联合国环境规划署提出："建设和管理体育设施以及举办赛事都会消耗能源，并可能导致空气污染、温室气体排放和废物产生，以及臭氧层消耗、栖息地和生物多样性丧失，水土流失和水污染。"这在大型公共组织中很常见，其影响包括对脆弱生态系统的破坏、噪声和光污染、能源使用和排放、土壤和水污染以及废物产生。

由于体育与人类文化相互交融，体育在人类文化中产生了独特的影响力，体育组织的环境行动可以帮助保证公众健康、减少污染、保护栖息地、节约能源和水资源、培养体育爱好者的绿色生活习惯等，体育在维护人类可持续发展上有着积极的意义。总体而言，体育在环境保护方面的目标主要有两个：减少体育活动的生态足迹和利用体育活动的普及来增强公众的环保意识。

体育的生态足迹是由体育运动的开展（体育赛事运营、体育比赛或体育活动举办）和观众的影响所造成的结果。体育作为文化的重要组成部分，也提供了一个宣传和普及环境保护知识的平台。由于体育迷对体育组织或球星在心理上和消费上都有亲近感和认同感，因此，体育组织和活动不仅可以作为环境保护知识的宣传平台，还可以教育体育迷，使他们在日常生活做出可持续的环境行为。

通过体育运动采取环境行动是降低体育运动对环境影响的重要措施。国际上关于体育和自然环境的学术研究自2000年起有显著增长，迄今为止大多数关于体育和自然环境的研究成果都发表在旅游、娱乐和体育领域的各种学术期刊上，由于与体育相关的环境问题（如能源、水、废物、碳排放、温室气体、运输等问题）与许多其他企业和组织一样，较为复杂，且由于大多数体育组织都是服务性组织，所涉及的体育组织运营和利益相关者与其他商业运营不同，需要从整体的角度来审视自然环境和体育运动的关系。因此，研究体育与自然环境的问题必须考虑体育组织内部相互关联的环境要素（如市场营销、设施管理），才能更好地集中于环境问题的战略规划，并制定策略。

那么，体育运动在自然环境中到底扮演着什么角色？应该如何发挥作用？这需要从战略的、综合的视角进行分析。

学术界主要有两种观点，一种观点是从外部因素出发，例如，波特和莱因哈特（2007）认为环境和相关的要素（例如，政府、法律法规）影响一个组织如何制订战略计划和运作，体育组织或团体根据政策和规定制定环境策略。这些战略计划从外部因素出发，常常涉及体育组织控制之外的环境变量，如自然灾害等使得体育组织和人员无法控制计划的实施。

另一种观点是从内部因素出发，主要是从体育组织开展体育赛事的资源出发。2005年美国职业棒球大联盟（MLB）与自然资源保护委员会（NRDC）共同制定了一项环境战略，随后美国冰球联盟（NHL）也制定了一个全面的环境战略。2014年美国冰球联盟与博纳维尔环境基金会合作了"目标加仑"项目，计划将1 000加仑的水引入缺水的河流中。

此外，NHL与NRDC制定了一项综合战略，为联盟纳入"绿化顾问"，为每支球队提供环境指导和策略，以促进NHL团队和竞技场运营更具有可持续性。其具体措施包括为所有NHL球队提供太阳能电池板安装指南，以及重新分配联赛中未使用的食物的策略等。除美国的体育组织外，全球性的体育组织也将环境问题纳入体育活动之中。例如，奥运会自2000年以来一直将自然环境纳入其战略，为从申办到赛后的环境问题提供指导。国际足球联合会（FIFA）也将环境问题纳入其活动之中。

随着国际社会环保意识的增强，以及可持续发展战略在各领域的影响越来越大，体育对于环境的影响成为各类体育组织亟须解决的重要问题。环境问题是一个综合的、复杂的问题，环境行动的执行需要长期的计划、目标和策略。在体育领域的环境行动中，经济利益不是可持续发展战略的唯一目的，体育组织、体育联盟之间的合作、赛事运营模式的改变，以及对社会、观众和球迷的导向等都是要考虑的策略要素。

绿色体育联盟成立于2010年，该联盟是一个由自愿参与体育运动的合作伙伴组成的联盟，以竞赛与场馆的低碳化和绿色发展为中心，在能源、食品、采购、运输、场地、废物和水这 7 个关键领域共享资源、经验和专业知识，为实现可持续发展做出有意义的改变。绿色体育联盟不是一个管理机构或认证机构，合作是其核心价值，联盟的成员来自世界各地，截至 2019 年，其会员单位超过 400 个，涵盖 130 个大型体育场馆，美国四大体育联盟有 56% 的 NFL 球队、63% 的 NBA 球队加盟。绿色体育联盟还成立了规模庞大的绿色体育发展基金。

自然资源保护委员会（NRDC）除了共同成立联盟以外，也是主要职业联盟的环境顾问，这些职业联盟包括 NBA、美国职业足球大联盟（MLS）、美国网球协会（USTA）、全美赛车协会、美国国家橄榄球联盟（NFL）。

通过合作，自然资源保护委员会汇编数据并进行案例研究，提供体育赛事环境报告，并对联盟制定发展战略提供指导。

总之，环境问题已经成为了超越政治、经济、社会、文化和技术的人类问题。无论是奥运会、足球世界杯等大型体育赛事，还是各类户外体育活动，可持续发展计划都正在成为体育发展战略的重要部分。

此外，以自然环境为条件的各类户外运动，更是环境问题的重点领域，将环境策略纳入体育竞赛、体育组织和体育活动的各个方面，是体育可持续发展的重要部分。

5.1.2　体育运动对环境的影响

1）大型体育赛事对环境的影响

（1）积极的影响

2004 年起，大型体育赛事（尤其是奥运会）对举办地环境的影响引起了世界绿色和平组织的关注。

国际奥委会（IOC）越来越热衷于强调在规划和举办夏季和冬季奥运会时考虑环境问题的重要性。

斯坦纳（2006）指出："从1994年利勒哈默尔冬季奥运会到2000年悉尼夏季奥运会，再到2006年的都灵冬季奥运会，环境问题日益成为奥运会的关键"。1996年，国际奥委会修订了《奥林匹克宪章》，专门处理《21世纪议程》和可持续发展问题，国际奥委会将环境作为奥林匹克运动的第三"支柱"，减轻负面环境影响已成为奥运会的主题之一。例如，2006年都灵冬奥会的抵消与奥运会相关的碳排放的计划、2008年北京夏季奥委会倡导的举办"零排放"奥运会以及2022年伦敦奥运会倡导的可持续发展战略。

以1992年巴塞罗那夏季奥运会为例，组委会提出了环境教育倡议。这些项目旨在提高公众对环境保护的意识和参与度[①]。

2008年北京夏季奥运会提高了生态文明指数的得分，改善了城市热环境，因为增加了透水表面的面积，使城市更适合居住[②]。其他研究显示了俄罗斯重大体育赛事的影响，重点关注2013年在喀山举行的世界大学生运动会、2014年索契冬奥会和2018年的足球世界杯。这些研究发现，这些体育赛事举办后，公民选择了更环保的生活方式，这可能与绿色基础设施的可访问性增加（如回收箱的广泛实施，创建绿色骑自行车的方式，产品和服务的环境认证）有关[③]。对奥运会主办国最重要的积极的环境和经济影响之一是运输工业的发展和改善。为筹备2012年伦敦夏季奥运会，近200万吨受污染的土壤被清理干净，以便在奥林匹克公园重新使用。对环境的日益关注正促使城市

---

① CEREZO-ESTEVE S, INGLÉS E, SEGUI-URBANEJA J, et al. The Environmental impact of major sport events (Giga, Mega and Major): A Systematic review from 2000 to 2021 [J]. Sustainability, 2022 (14): 13581.
② YANG P. Evaluation of ecological civilization development in the post-Olympic times [J]. APPL ECOL ENV RES. 2019, 17: 8513-8525.

在设计、规划和实施阶段应用环境标准，进而促进了可持续建设、可回收材料的使用、可再生能源的使用，以及对生态脆弱地区和濒危物种的保护。2012年伦敦夏季奥运会计划使用42%的可回收材料，并种植数千种植物和球茎[①]。

（2）负面影响

大型体育赛事对举办地的经济、文化和社会将产生重大的积极影响，但是重大的体育赛事，作为一种大规模的人类活动，不可避免地会对环境产生影响。数以百万计的观众参加体育赛事，这意味着数百万人往返于观看比赛的路途中，其中大多数人乘坐公共汽车或其他公共交通工具。观众到达场地后，购买的许多非食品物品（例如，泡沫助威用品、帽子、杂志或宣传册）需要生产、包装、运输、储存等。比赛场地内观众在每次体育比赛后产生了各种废物（例如，包装纸、杯子、体育场内外的食物废物）。除此之外，运动员们在比赛时也会产生大量的废物，如水瓶、包装纸等。这些由运动员和观众共同产生的废物，增加了体育赛事的总废物足迹。

Collins等（2009）通过对2003/2004年英格兰足总杯决赛的生态足迹进行研究，发现一个典型的参观游客的总体足迹效应是那个人待在家里进行正常活动的7倍，其中汽车的碳足迹约占其中的2/3。比赛导致的总废物足迹为146 gha或0.002gha/人。废弃食品、食品和饮料包装等废物分别占总废物足迹的80%和11%[②]。

另一项研究表明，2010年南非足球世界杯期间球迷的活动对环境产生了不利影响，包括污染增加、废物增加、高用水量、噪声污

① RMOLAEVA P. Green? Cool. Yours: The effect of sports Mega-Events in Post-Soviet Russia on citizens environmental consumption practises [J]. J. Organ. Cult. Commun. Confl. 2016, 20: 165.

② SHOKRI A, MOOSAVI S J, DOUSTI M. Study of economic, social and environmental impacts of olympic games on the host cities from professors and experts viewpoint case study: London 2012 Olympic [J]. Int. J. Sport Stud. 2013, 3: 984—991.

染、自然栖息地的破坏和生物多样性的丧失①。

2）户外运动对环境的影响

不仅大型体育赛事对环境产生了不利影响，许多小型体育赛事和运动休闲活动也会造成环境问题，如高尔夫球、滑雪、跑步、徒步旅行、攀岩、露营等活动。

以滑雪为例，滑雪季期间，雪场必须保持足够的积雪量，但是当无法自然降雪时，滑雪场就必须进行人工造雪，利用废水制造出来的雪便成为一种环境威胁。这些活动对生物资源及其多样性造成了巨大的压力。

此外，远足小径、高山桥梁、露营地、小屋和酒店等的建设也造成了自然环境的侵蚀和污染，户外运动对自然环境的影响逐渐凸显。

（1）对动物的影响

各物种受到的负面影响的程度取决于它们对干扰和栖息地减少的敏感性（Taylor 和 Knight，2003）。负面影响体现在物种的数量、行为甚至生存机会的变化。

费尔南德斯（2002）发现，访问强度对鸟类的种数有显著的负面影响。直接接触和噪声是最有害的因素，特别是在繁殖过程中，干扰导致灭绝增加和繁殖概率降低。废弃的垃圾和食物为更常见的物种提供了生存机会，它们可以以此为食（希克曼，1990）。

（2）对土壤的影响

对非生物环境影响的一个重要方面是土壤的压实和侵蚀。其中，对剥落物层和有机质层的影响是最为重要的。这些表土层对保持生物活性和保水能力至关重要，因此在防止侵蚀方面具有重要的作用。地下矿质土壤的压实可能会阻碍根脉和根毛的渗透，导致植物和树木的

---

① GOVENDER S, MUNIEN S, PRETORIUS L, et al. Visitors perceptions of environmental impacts of the 2010 FIFA World Cup: Comparisons between Cape Town and Durban [J]. Afr. J. Phys. Health Educ. Recreat. Dance, 2012, 18: 104-111.

稳定性下降。Kuss 和 Morgan（1986）基于土壤和植被覆盖变量开发了一种娱乐用途导致的侵蚀危险评估模型。此外，水文条件也被土壤压实所改变，导致水停滞或限制供水。因此，植物补充量的变化也可能会受到影响。

（3）对水资源的影响

水生态系统特别容易受到游客增加以及随之而来的旅馆、污水处理厂、道路、停车场以及河岸和海岸线上登陆码头建设的影响。当大量人定期集中前往山区或森林，会造成区域内相关的污水或农业径流的增加进而导致流域内土地使用的变化。

考虑到与体育运动尤其是重大体育赛事相关的环境成本，一些研究人员提出了降低体育运动对环境负面影响的策略。一种观点是采取一种自上而下的方法，即由主要的体育联盟或像国际奥委会这样的管理机构发起可持续的行动。另一种观点是采取自下而上的方法，即在没有政府、管理机构或联盟授权的情况下，各个体育机构或团体自发地采取可持续的环境行为。通过倡导可持续的环境行为，如减少废物和节水，这些体育组织可能会积极地影响体育迷的环保行为。

5.1.3　环境变化对体育运动的影响

体育和自然环境有着密切的关系，环境变化尤其是气候变化正在严重影响体育运动。国际奥委会因担心冬季天气和积雪的稳定性，推迟了 2030 年冬奥会主办国的选择。2022 年北京冬奥会使用的雪中有超过 90% 是人造雪。国际滑雪联合会（FIS）运动员写信给 FIS 理事会成员，指出他们的运动正受到威胁，同时要求 FIS 采取行动来应对气候变化。

此外，研究人员分析了环境对职业运动的影响。Watanabe 等（2019）探讨了空气质量对中国足球超级联赛出座率的影响，发现空气污染并不影响球迷观赛的热情。然而，Archsmith 等（2018）调查了空气污染对美国职业棒球裁判员表现的影响，认为空气质量明显影响美国职业棒球大联盟的裁判员表现。此外，由于气候变化和极端天气的影响，体育赛事组织者已经认识到体育运动的实施方式随着气候的变化会发生深刻的变化。例如，不断上升的温度对雪和冰面的质量产生了影响，迫使运动管理者考虑冰上曲棍球和越野滑雪的替代项目。Cook 等（2018）对 2000 年举办奥运会和残奥会的环境条件进行预测，研究预测气温会上升 1~4℃，海平面会上升 0.3~1.2 米，他们认为沿海地区的城市不再适合举办未来的夏季奥运会。

如前所述，随着体育运动的不断发展，体育参与人群的增多，体育场馆及周边交通等基础设施的建设，都会加大环境的压力，环境状况和气候变化也在逐渐影响着体育运动的可持续发展，面对环境价值观与体育商业化的矛盾，体育运动与环境保护的协调发展将是未来体育运动可持续发展的新课题。

5.2 山地户外运动对生态环境的影响

自然环境和独特的地貌特征使山区成为吸引人们户外运动的重要目的地之一。然而，随着城市在当前的世界经济中的重要地位不断增强，许多山区已经成为边缘地区，由于投资很少，山区社会发展较慢，而山区自然资源过度使用问题也有所缓解，因此，户外运动已成为许多山区的主要收入来源，这为山区居民提供了直接参与社会经济的难得机会。

山区是户外运动开展的最佳场所之一，但山区的生态系统非常脆弱，无法承受太多的人类活动。例如，滑雪道建设造成的森林砍伐通常会导致春季山地地表径流持续地受到严重侵蚀。除了表土流失之外，这还可能导致邻近湖泊出现淤积问题。山地资源的开发会造成物种栖息地丧失，当开发进入荒野时，重要的动植物栖息地必然会被取代或破坏。动物迁徙路线也受到交通繁忙的道路和人类存在的严重影响。短期大量人流的涌入会对径流和山区环境产生巨大的影响。例如，汽车油液、污水和盐等污染物会污染地下水和下游湖泊，汽车尾气导致空气污染加剧，会将破坏环境的碳氢化合物直接喷入度假村周围的森林中。随着空气中的污染物积聚在高地针叶树的针叶上，常绿植物最终会衰弱到屈服于昆虫和寄生虫攻击的程度。

以滑雪运动为例，滑雪运动已成为山地体育旅游的核心推动力，使得山区转变为城市居民的休闲胜地，全球市场规模约为6.57亿人。滑雪需要极大地改变山区荒野地区的景观，这影响了滑雪场和周围的环境。游客数量的增加意味着更多的汽车和造雪设备进入山区。每一种污染源都会导致烟雾和酸雨，从而影响空气质量。此外，来自酒店开发的径流或来自废水的渗漏会增加溪流、湖泊和地下水中的微生物、化学污染和热污染，水质和河流的污染会破坏昆虫和鱼类的生存环境，此外，其他形式的野生动物也会受到步道扩建、房地产开发和度假村使用的影响，这些都可能导致山地动植物栖息地的丧失。有证据表明，许多物种与滑雪场共存，一些物种甚至在有滑雪胜地的地区的数量也有所增加。

森林、河流、山脉是山地户外运动开展的主要目的地。户外运动对山地环境的影响主要有道路损害、植被覆盖的变化、空气和水污染、缺乏环保意识和山地资源的过度开发等方面。

5.2.1　对土壤的影响

（1）对土壤紧实度的影响

当人们在土壤上行走或骑行时，会对土壤产生压力，使土壤颗粒重新排列，从而导致土壤变得更加紧实。土壤压实会影响土壤的孔隙度和渗透性，进而影响水分和空气在土壤中的流动，对植物生长和土壤生物活动产生不利影响。例如，山地自行车比赛中，若运动员在下坡行驶过程中出现打滑现象，可能导致土壤表面变得松散，使土壤从斜坡上滑落，并在路面形成车辙，车辙会引导路面积水，形成水仓，导致路面内部松动，进而影响路面整体稳定。

（2）对土壤的侵蚀

户外运动可能导致土壤侵蚀，尤其是在坡地和易受侵蚀的地区。人们在山地环境中开展运动，会破坏土壤表面，使土壤颗粒更容易被风和水侵蚀。这可能导致土壤肥力下降，影响植物生长和生态系统健康。

（3）对植被的破坏

户外运动可能导致植被破坏，尤其是在脆弱的生态系统中。人们在穿越森林或其他植被覆盖区时，可能会踩踏植物，导致植物受损或死亡。这可能影响土壤的稳定性和肥力，以及整个生态系统的健康。

（4）对土壤的污染

在山地户外运动开展频繁的地区，土壤可能被污染。人们在路上留下的垃圾、排泄物和其他污染物可能会进入土壤，影响土壤生物活性和植物生长。越野车和山地自行车可能会排放尾气或油污，进一步污染土壤。

此外，户外运动还可能影响土壤生物的多样性。一方面，人们在土壤上的活动可能会破坏土壤生物的栖息地，导致生物多样性下降。另一方面，适度的户外运动可能有利于土壤生物多样性，因为人们在穿越不同地区时，可能会携带并传播土壤生物。

5.2.2　垃圾污染

随着进入山区的户外爱好者数量增加，将会对山地生态系统的保护造成巨大压力。他们在进行户外活动的过程中，会产生大量的生活垃圾和废弃物，不仅会对自然保护地的水资源造成污染，也会对生态环境平衡造成冲击。以三江源地区的年保玉则国家地质公园为例，日均 2400 ~ 2 500 人的游客量，使得垃圾问题成为整个青藏高原、整个三江源区域最大的环境问题。

山地穿越还会导致垃圾污染。2022 年，崇礼 168 超级越野赛结束后，空水瓶、能量胶皮、盐丸包装、保温毯以及其他垃圾铺满赛道，工作人员最终从赛道中清理出近 1.5 吨垃圾。

鳌太线是一条穿越陕西太白山国家级自然保护区的徒步路线。近年来，随着驴友数量的增加，垃圾问题日益严重。驴友随手丢弃的垃圾包括便携式煤气罐、塑料饮料瓶、各种塑料食品包装袋等，几乎不能自然降解。这些垃圾不仅侵占了草地、污染了土壤，还产生了有害物质渗入地表，污染水源地，甚至导致野生动物误食而死亡。

5.2.3　对动植物栖息地的影响

过度的徒步、露营等活动可能会对地表植被造成破坏，影响动植物的自然栖息环境。

此外，人类的活动产生的噪声、垃圾遗留等，可能会干扰野生动植物的正常生活习性，损害生态平衡。在某些敏感区域的活动（如保护区内的非法穿越）可能会直接威胁到特定物种的生存。而户外运动场地开发所带来的废水渗漏会增加溪流、湖泊和地下水中的微生物、化学污染和热污染，从而破坏昆虫和鱼类的生存环境。山地步道的扩建、配套建筑物的开发，可能会导致野生动物栖息地的丧失。

5.2.4　过度开发

在自然保护地开展户外运动，为了保证活动的顺利开展和人员的安全，需要在保护地建造户外运动相关的基础设施和服务设施。

各种基础设施和服务设施的修建，不仅会造成生态环境和生态系统的破坏，也会破坏保护地原有的自然景观，使保护地的原始风貌丧失吸引力。如攀岩运动，如果过度开发，在山体岩壁上使用电钻打孔、打岩钉，安装挂片、膨胀螺钉等，则不仅会改变山体岩壁原始风貌，也会使山体不同部分的风化速度发生改变，加快山体分解速度，最终导致山体岩壁整体性崩解，造成不可修复的、无法挽回的损毁。

2017年4月15日，浙江台州的三名驴友使用电钻、钢钉、铁锤、绳索等工具攀爬世界自然遗产三清山的标志性景观巨蟒峰，在攀爬过程中，他们用铁锤将26枚膨胀螺栓钉打入了巨蟒峰的山体内，这些钉子将成为巨蟒峰无法抹去的伤痕，给巨蟒峰造成了严重损害。

5.2.5　其他影响

随着山区住宅和运动场地的开发，交通压力和房屋数量也急剧增加，导致经济、社会和基础设施出现问题。游客数量的增加也增加了对住房、道路、水、学校、污水处理和垃圾处理的需求。

近年来各大滑雪场不断投入大量资金来进行改建和扩张，未来这些滑雪场可能会背上沉重的债务，从而在周边生态环境保护上无法履行最终的企业责任。同时，游客数量的增加意味着更多的车辆和造雪设备进入山地，它们产生的废气会导致烟雾和酸雨，从而影响空气质量。

山地户外运动发展同时也带来一些社会问题，户外运动参与者的环保教育是推动山区户外运动产业可持续发展的重要手段。通过提高户外运动参与者的环保意识，可以引导他们在旅行过程中积极履行环保责任。户外运动参与者应当遵守目的地制定的旨在减少环境破坏的规定，如减少废弃物排放、合理利用资源等。同时，户外运动参与者还应树立生态旅游、绿色出行等环保理念，将低碳、环保的生活方式融入运动过程中。

在山地户外运动资源开发中，土地所有者、公共机构和私人提供者，以及不同的用户群体之间的利益协调也至关重要。各方应共同努力，确保户外运动资源的合理开发与利用，维护生态环境的稳定。此外，政府、企业和社会组织应充分发挥各自优势，形成合力，推动户外运动产业可持续发展。

然而，现实中不难发现，部分户外运动目的地在发展过程中忽视了可持续发展的理念，导致了生态环境的恶化。这种不可持续的发展模式如若持续下去，将给户外运动业带来灾难性的后果，包括资源枯竭、生态失衡、文化破坏等。因此，我们必须高度重视山地户外运动的可持续发展，采取切实有效的措施，确保山地资源的永续利用。

5.3 山地户外运动与生态环境保护的协调发展机制

5.3.1 山地户外运动的特征

传统的山地户外运动通常与探险或冒险活动相关。山地户外运动从不同视角可以进行不同的分类：基于挑战程度、不确定性等可以分为低风险运动和高风险运动；依据地貌特征可以分为峡谷运动、丛林运动、荒原运动、高原运动等；依据运动空间特征可分为陆上项目（攀登、攀岩、滑雪、山地自行车等）、水上项目（漂流、皮划艇等）、空中项目（滑翔伞等）。

随着大众体育健身的发展，人们对亲自然运动的参与也越来越多，露营、徒步等项目也成为山地户外运动项目。

就我国山地户外运动的发展而言，主要呈现以下特征：

（1）自然性。

山地户外运动通常在自然环境中进行，尤其是在山区、丘陵等地带，参与者能够亲近自然，体验山水之间的美丽风光。

山地户外运动的自然性主要表现在：

①景观多样性。

山地环境提供了丰富多样的自然景观，如山脉、森林、河流等，这些不同的景观资源为户外运动爱好者提供了多样化的选择和体验。

②生态系统脆弱性。

山地生态系统经过长时间的地质演化形成，相对脆弱，对人类活动的干扰敏感，因此在开展山地户外运动时需要格外注意保护生态环境。

③环境影响考量。

户外运动会产生环境影响，这意味着在进行山地户外运动时，需要评估对自然环境的潜在影响，并采取措施减少负面影响。

④风险的不确定性。

山地户外运动存在一定的风险，这些风险具有客观性、复杂性、不确定性等特点，包括自然环境风险（如天气变化、地形险峻等）和人文环境风险（如管理不善、安全意识不足等）。

⑤地域特色性。

不同地区的山地环境具有独特的地理和文化特色，这些特色可以成为山地户外运动的亮点和吸引力所在。

⑥生态环境可持续性。

其主要表现为生态环境对人类活动的持续开展和资源开发所具有的生态适应性。生态环境的可持续性要求人们在开展户外运动过程中注重维护生态系统的平衡，以保证生态环境的可持续发展。

（2）探险性。

人类对自然探险的渴望使得山地户外运动成为一种独特的体验和挑战。

如登山、攀岩、悬崖速降、丛林穿越等具有一定的探险性质，它们往往属于极限和亚极限运动，对参与者的勇气和技能都有较高要求，山地户外运动不仅是对个人体能和意志的挑战，也是一种精神层面的探索，能够帮助人们建立起对自然的敬畏之心。

山地户外运动的自然性主要表现在：

①挑战性。

山地户外运动往往涉及对未知自然环境的探索，如登山、攀岩等活动，要求参与者克服自然界的种种困难，如险峻的地形、复杂的气候等。

②观赏性。

在进行山地户外运动时，参与者可以欣赏到大自然的壮丽景色，这种视觉享受是其他类型的运动难以比拟的。

②刺激性。

由于山地户外运动具有一定的风险和不确定性，参与者在面对挑战时会感受到强烈的刺激，这种感觉对于追求冒险的人来说极具吸引力。

（3）社会性。

山地户外运动作为一种社会现象，具有广泛的社会参与性和影响力。

同时，山地户外运动的社会性还体现在其具有的教育价值、文化传承和社交功能等方面。通过参与山地户外运动，人们可以培养勇攀高峰的精神品质以及传承和弘扬地域特色文化、加强环境保护的意识。

山地户外运动的社会性具体表现为：

①推动地方经济发展。

山地户外运动的兴起带动了相关产业的发展，如户外装备、旅游服务、交通等，为当地居民提供了就业机会，促进了地方经济的繁荣。

②促进健康生活方式。

随着人们生活水平的提高，越来越多的人开始关注健康问题。山地户外运动是一种很好的锻炼方式，能够有效提高身体素质和增强免疫力。

③提升环保意识。

山地户外运动让参与者亲近自然，体验自然环境的美好，从而激发人们的环境保护意识。许多户外运动爱好者在享受自然的同时，也积极参与到环境保护的活动中。

④丰富文化生活。

山地户外运动不仅是身体上的锻炼，也是一种文化体验。它能够丰富人们的业余生活，提供一种回归自然、放松身心的方式。

5.3.2　山地户外运动对生态环境的影响因素

通过以上分析，可以看到山地户外运动的发展与生态环境的关系非常密切，不仅参与者的足迹和行为会直接影响到自然环境，户外运动所带来的社会影响、经济影响以及环境教育等都会对生态环境产生影响。在这里主要就参与者、政策以及户外运动产业发展等方面分析山地户外运动对生态环境的影响。

1）户外运动参与者

参与者人数是影响山地户外运动发展与生态环境协调性的首要因素，这是因为参与者既是山地户外运动产业发展的活力源泉，又是生态环境破坏的主体，对当地体育产业和生态环境两大系统均有较强的制约作用。以四姑娘山的山地户外运动产业为例，2010—2021年，山地户外运动参与者从4 000人次/年增至2万人次/年。一方面，参与者的吃住行等直接消费推动了当地的旅游经济发展。另一方面，参与者的增多正在逐渐改变当地居民的生活习惯。一直以来，原住居民以放牧为生，过度的放牧让成片的沙棘林树木树皮被啃食，也让壮美的草原花海每况愈下。

此外，为了向游客销售高山药材，村民们过度采挖草药，一度让"高山雪莲"在某些区域面临绝迹。随着山地户外爱好者的增多，原住民的收入结构也发生了改变，山地导游、住宿业等成为居民主要收入来源，群众的增收效应大幅增加，利益驱使调整了原住民的生产方式，激发了原住民的生态保护的"主动意识"。但是，从事户外运动人数的增加也使得随意采花、踩踏草坪、乱扔垃圾等问题凸显，过多的游客和户外活动可能超出当地某些生态脆弱区域的承载能力，甚至干扰野生动物的生活习性，对当地生态环境的保护带来挑战。因此，合理的户外运动参与人数控制将有利于促进经济与生态环境协调发展。

2）户外运动资源开发

资源开发是贫困山区脱贫攻坚、统筹区域发展的重要手段，也是山地户外运动发展与生态环境协调发展的关键因素。

一方面，山地户外运动作为健身休闲产业的重要组成部分，其资源的开发能够带动相关产业链的发展，包括户外装备、旅游服务、交通、餐饮等，从而成为部分地区经济增长的新亮点。另一方面，山地户外运动资源的合理开发可以丰富旅游产品体系，提供更多样的户外健身休闲产品，满足不同游客的需求，提升旅游体验。

但是，山地户外运动的开发可能会对自然环境造成破坏，带来植被破坏、土地退化等问题。例如，户外运动基地的建设需要大量的水资源、能源和其他自然资源，这可能会导致资源的过度消耗和环境污染。小镇建设可能会改变原有的自然景观，如山体开挖、植被砍伐等行为不仅破坏了自然景观，还可能导致水土流失等环境问题。

因此，资源开发是山地户外运动和生态环境协调发展的关键因素，在开发山地户外运动资源的过程中，应注重生态保护和可持续发展。通过合理的规划和管理，可以在不破坏自然环境的前提下，实现资源的有序开发，保护生态环境。

3）政策措施

政策措施对山地户外运动与生态环境协调发展起着重要作用。可持续发展理论的提出，使得世界各国在保护环境承载能力和优先发展方面发生了观念上的根本改变，这也促使世界各国开始制定完善的绿色环保等相关财政税收政策及制度来约束企业和民众的行为，这不仅从根本上促进了经济发展方式的转变，进而构建起合理的经济与生态环境发展体系，而且使得经济产业在提高生产力的同时，减少了对生态环境的破坏以及对自然资源的利用，减轻了生态压力[①]。

习近平生态文明思想提出以来，中国实施了一系列绿色发展政策，以促进经济社会发展与环境保护的和谐共生。习近平总书记提出，在推进绿色发展时，需要系统考虑经济、社会、环境等多个方面，形成整体推进的发展策略。这些政策涵盖了绿色技术、绿色金融、补贴政策、产业政策等多个方面，形成了一套较为完整的绿色发展政策体系。

---

① 殷常鑫. 豫西山区经济与生态环境协调发展的时空分析［D］. 郑州：河南财经政法大学，2023.

　　例如，对于使用环保材料和技术、减少资源消耗和污染排放的企业，政府会给予一定的税收优惠和补贴，从而鼓励更多的企业加入绿色发展的行列。

　　在低碳绿色循环发展方面，国务院发布了《关于加快建立健全绿色低碳循环发展经济体系的指导意见》，在高效利用资源、严格保护生态环境、有效控制温室气体排放的基础上，统筹推进高质量发展和高水平保护。在绿色发展的战略思想下，国家发展改革委、科技部、工业和信息化部、自然资源部4部委联合发布《绿色技术推广目录（2020年）》，其中包括污水处理、垃圾处理等绿色技术标准，这些技术将在山地户外资源开发中得以应用，对山地户外运动资源开发的保护将发挥重要作用。在地方层面，各地政府出台了相应的政策保护山地环境的开发，例如，江西省建立山地户外运动市场信用体系，发布警示名单和"红黑榜"。江苏省加强财税金融政策支持，发挥财政资金引导作用，吸引社会资本投入山地户外基础设施建设。《中华人民共和国青藏高原生态保护法》规定，组织或者参加青藏高原旅游、山地户外运动等活动，应当遵守安全规定和文明行为规范，符合区域生态旅游、山地户外运动等管控和规范要求；禁止破坏自然景观和草原植被、猎捕和采集野生动植物。

　　这些法规和政策为山地户外运动与生态环境协调发展提供了强有力的支撑，也为山地户外运动产业的健康发展提供了保障。

5.3.3　山地户外运动发展与生态环境相互作用机理

　　1）山地户外运动发展对生态环境的作用

　　（1）山地户外运动发展对生态环境的保护作用

　　生态环境质量的提升需要政治、经济、社会、教育等多领域的协同合作。其中，经济发展扮演着举足轻重的角色，是实现生态环境保护目标的核心手段。对于山区发展而言，经济的稳健发展能够通过财政资金的投入，为生态环境的保护提供坚实的资金保障。山地户外运动发展可以拓宽当地居民收入渠道，实现效益增收，促使当地经济发展模式的改变，可以避免乱砍滥伐、乱捕滥猎，同时，高质量的经济发展模式有助于提升生态资源的利用效率，进而降低成本，节约资源，减少污染物的排放，最终实现生态环境与经济的和谐共生与可持续发展。此外，健康的经济活动还能够间接发挥生态环境保护的教育功能，提升公众对生态环境保护的认知与意识。例如，黔西南州安龙县采用"体育+旅游+扶贫"的乡村经济发展模式，由"输血"转为"造血"，该县笃山镇的"国家山地户外运动示范公园"落地后带动了周边村镇发展，解决了410户1 500人的就业问题，村民人均收入大幅增长，并在2018年实现整村脱贫。随着乡村经济的发展，当地政府意识到生态环境是吸引游客的根本，因此更加重视生态环境的保护，将生态环境保护融入经济社会发展中，建立了空气质量自动监测站，提升了当地村民的环保意识。

（2）山地户外运动发展对生态环境的胁迫作用

只有高质量、绿色、可持续性的山地户外运动开发才能对生态环境质量的提升起到促进作用，反之，无序扩张则会对生态环境产生负面影响。例如，前文所提到的，在山地环境下数千人的越野跑、各种垃圾沿路铺满，无环境规划的山地运动营地的建设，以及山体的开发等行为不断冲击着生态环境承载力，环境逐渐恶化，出现了由于过度开发而导致的水土流失、人类足迹改变野生动物栖息地等生态问题。随着我国经济的迅猛增长，对生态环境的过度开发逐渐显现出其负面影响。垦林开荒、城市扩张等人类活动导致的人地矛盾日益突出，这已成为国家经济发展转型升级和产业结构调整过程中亟待解决的问题。原先的粗放型发展模式已对大气、水体、土壤以及物种多样性造成了严重威胁，生态环境的恶化已不容忽视。

2）生态环境对山地户外运动发展的作用

（1）生态环境对山地户外运动的承载作用

生态环境对山地户外运动具有基础性的承载作用，它不仅是山地户外运动开展的场所，还对这些活动的安全性、多样性和可持续性产生着重要影响。

第一，自然环境为户外运动的开展提供了丰富的地形地貌，如山脉、森林、河流等，这些自然场景是登山、徒步、露营、骑行等户外运动的理想场所。

第二，优质的生态环境、自然环境的优美景色和清新的空气能够提升户外运动的体验质量，使参与者在锻炼身体的同时，也能享受到精神上的愉悦和放松，自然环境中的户外运动也有利于人们的身心健康，有助于缓解压力和提高生活质量。

第三，依托丰富的自然资源开发户外运动项目，可以满足人们多样化的体育消费需求，激发产业活力，打造经济增长新动能。

第四，随着户外运动的发展，围绕生态保护与自然资源开发利用的利益协调，相关的法律法规也在不断健全，要求合理利用自然资源，充分利用自然环境打造运动场景，推进有条件、有特色的自然场地向户外运动开放，同时在保护生态环境的前提下，依法依规开展户外运动项目。

（2）生态环境对山地户外运动的胁迫作用

生态环境系统是一个涵盖了水资源、土地、大气、生物等多个子系统的复杂体系，具有一定的自我调节能力。然而，这种自我调节能力并非无限的，当环境污染超出生态系统的承受范围时，生态环境将出现恶化。因此，在经济活动中，我们不能片面追求经济效益，而忽视对生态环境的保护。否则，我们将自食其果，承担生态环境恶化带来的严重后果。

我们必须认识到，生态环境保护与经济发展是相辅相成的，只有实现二者的协调发展，才能实现可持续发展的目标。一旦生态环境恶化，就会阻碍当地户外运动产业的健康发展，这不仅表现为游客的减少，还表现为相关产业投资的减少，以及当地居民收入和政府财政收入的减少。一方面，当地经济无法从户外运动产业中获得经济效益，另一方面，因治理环境需要大量人力、物力、财力，也会对经济发展形成阻碍。因此，山地户外运动的发展需要良好的生态环境做支撑，生态环境是山地户外运动发展的重要基础，山地户外运动发展过程中必须注重对生态环境的保护。

6

我国山地户外运动参与者亲环境行为分析

党的十九大将生态文明建设和绿色发展推进到新的发展阶段，党的二十大继续提出，生态环境是最普惠的民生福祉。习近平总书记明确指出，中国式现代化是人与自然和谐共生的现代化，尊重自然、顺应自然、保护自然是全面建设社会主义现代化国家的内在要求①。山地户外运动可持续发展不仅是实现体育产业转型升级的重要支撑，更是生态文明建设和绿色发展的必要需求。随着山地户外运动的快速发展，森林、地质公园等成为开展户外运动的重要场所。户外运动参与者不良的环境行为会给生态环境带来诸多不利影响，如植被破坏、水源污染等，威胁着自然环境的可持续利用，同时也成为制约山地户外运动可持续发展的主要因素。而这一现象的本质是户外运动参与者环境责任行为的缺失，分析参与者的亲环境行为在山地户外运动可持续发展中的角色是本研究的主要目的。

纵观以往研究，针对户外运动参与者的研究颇少，对户外运动参与者的亲环境行为研究更为鲜见。因此，本研究以神农架自然保护区为案源地，以神农架地区山地户外运动参与者为研究对象，分析山地户外运动参与者地方依恋对其环境行为意图的影响，以期为山地户外运动与区域生态环境的协调发展提供有效参考。

6.1 文献回顾

6.1.1 地方依恋

"地方依恋"（Place Attachment）是指人与地点之间的情感纽带，它影响着个人环保意识的发展。在过去的研究中，学者对地方依恋及

---

① 习近平．高举中国特色社会主义伟大旗帜为全面建设社会主义现代化国家而团结奋斗——在中国共产党第二十次全国代表大会上的报告［EB/OL］．［2024-03-31］（2022-10-25）．https://movement.gzstv.com/news/detail/HzKedE/．

相关概念进行了广泛的理论研究。

地方依恋是一个具有多维结构的概念，有着多种定义，其概念和特征因学科的不同而异。在心理学研究中，Low 等提出，地方依恋是人们与环境之间的情感联系[①]。在环境心理学研究中，Hidalgo 等将地方依恋定义为一个人和特定地点之间的情感联系[②]。Jorgensen 等认为，地方依恋是与一个地点的情感、认知和功能联系。在此研究中，地方依恋被认为是一种对特定地点的态度。一个人对特定地点的态度是通过测量一个人对特定地点的情绪、认知和基于活动的反应来评估的[③]。关于地方依恋的实证研究，主要集中在地方依恋的形成因素以及地方依恋对特定地点的态度、满意度、行为意图的影响等方面。

一般来说，地方依恋通常包含地方认同和地方依赖两个维度。Proshansky 提出，地方认同是一种自我维度，通过与特定环境相关的意识、思想、信念、感觉、价值观和行为倾向来定义与环境相关的行为。地方认同是一种情感和心理上的投资，往往随着时间的推移而增长。当一个地方展现出与其他地方不同的独特感时，个人便会产生一种强烈的认同，地方认同是个体与特定环境之间的重要联系。地方依赖是个人对特定地点的情感依赖以及对特定环境独特的意识。Stokols 等认为地方依赖取决于一个特定的地方比其他地方在多大程度上满足了个人的需求，体现了个人对特定地方的行为或行为倾向。研究表明，人们对自然环境的兴趣是由满足特定需求的愿望所驱动的，因此对特定的自然环境而言，地方依赖有着特殊的意义。除地方依赖和地方认同两个维度外，Chow、Halpenny 等学者还从"地方情感"和

---

① ALTMAN I, LOW S M.Place Attachment [M]. New York: Plenum Press, 1992: 1-13.

② HIDALGO M C, HERNANDEZ B. Place attachment: Conceptual and empirical questions [J]. Journal of Environmental Psychology, 2001, 21 (3): 273-281.

③ JORGENSEN B S, STEDMAN R C.Sense of place as an attitude: Lakeshore owners attitudes toward their properties [J]. Journal of Environmental Psychology, 2001, 21: 233-248.

"社会关系"等维度进行地方依恋的研究。对于户外运动与地方依恋的关系，Higham 等认为尽管户外运动对自然环境可能会产生消极的生态影响，但随着参与者积极体验感的增强，户外运动对促进参与者地方依恋会产生积极效果。Halpenny 认为地方依恋可能对户外运动参与者的亲环境行为也产生积极的影响。

目前，地方依恋测量所采用的常用量表为 Williams 的二维旅游依恋量表。本研究旨在测量山地户外运动参与者的地方依恋，考虑到普适性和科学性原则，故采用了 Williams 开发的普遍引用的、高度相关性和可靠的指数，将户外运动参与者的地方依恋划分为地方认同和地方依赖这两个研究方面，在原量表基础上增减题项形成新的量表。

6.1.2　亲环境行为意图

亲环境行为是指社会个体在日常生活中所表现出来的对环境产生积极作用、并与环境直接相关的环境友好行为[①]。这些行为包括特定的地点的保护行为，也包括一般的环保行为，如废物回收、环保采购等。Koto 等将亲环境行为分为两种动机不同的行为态度形式。第一种形式是考虑环境问题，如废物问题和全球变暖问题，这些问题是个人态度的目标，而不限于特定的环境问题或区域环境。第二种形式是一种保护特定区域环境的态度。本研究主要考察在自然环境中，山地户外运动参与者的亲环境意图或态度，而非亲环境的实际行为。

Halpenny 对亲环境行为意图进行了测量，并评估了特定户外运动地点的亲环境行为意图和其他特定区域的一般亲环境行为意图。Halpenny 从自然资源可持续发展的角度出发，发现特定的亲环境行为意图显得尤为重要。

---

① 程文谦、王兆峰、陈勤昌等. 旅游环境契合度、地方依恋与旅游者亲环境行为——以武陵源世界遗产地为例 [J]. 长江流域资源与环境，2021，8：1880-1881.

国内学者在亲环境行为意图的研究中，一方面主要围绕特定人群（如游客、农户等）的亲环境行为进行研究，另一方面对特定地点（例如，自然保护区、公园等）的亲环境行为进行研究。林源源等认为亲环境行为意图是多种因素引起的，包括环境知识、环境教育、主观规范、道德规范、地方依恋等认知类或情感类影响因素[①]。以户外运动人群和户外运动场所为对象的研究较少，因此，本研究在参照Halpenny 的亲环境行为意图量表的基础上，试图测量我国山地户外运动参与者的亲环境行为意图。

6.2 理论模型与研究假设

6.2.1 特定山地环境中户外运动对地方依恋的影响

个体在特定自然环境中进行户外运动的过程是对当地建立认知，并与地方产生情感联系的过程。

户外运动的参与者往往需要良好的体验，对户外环境有较高的要求。当户外运动参与者进行山地户外运动时，会对目的地环境产生认同及依赖心理，进而形成地方依恋。有学者认为参与休闲活动的次数会影响地方依恋（Bricker 等，2000；Moore 等，1994；Williams 等，1992）。Kyle 等在一项对徒步者的研究中，发现地方依恋的强度与参与休闲活动的动机以及进行活动的自然环境类型有关。

Halpenny 等指出，在国家公园举办跑步活动不仅促进了人们对活动本身的依恋，也影响了当地人群对国家公园的依恋。自然保护区作为自然资源的代表，对于和谐的人地关系的要求更高，为维持人地双

---

① 林源源，邵佳瑞. 乡村旅游目的地意象视角下的亲环境行为意图研究［J］. 南京工业大学学报（社会科学版），2021，20（2）：99.

向动态平衡状态，需唤起对目的地客主关系的重新认定和思考。户外参与者与目的地间的频繁互动，会明显增强对目的地的认同度及依赖感。因此，本研究提出以下两个假设：

H1：特定山地环境中户外运动的参与次数会影响对该地区的地方认同。

H2：特定山地环境中户外运动的参与次数会影响对该地区的地方依赖。

6.2.2 特定山地环境中户外运动参与者的地方依恋对其亲环境行为意图的影响

地方认同和地方依赖是地方依恋的基础构面，强烈的地方认同感会增强对该地区的地方依赖。Vaske和Kobrin研究了地方认同与地方依赖的关系，以及与亲环境行为意图的关系。他们发现，地方依赖与地方认同密切相关，而高水平的地方认同与高水平的亲环境行为意图相关。Stedman的研究还表明，积极的情绪和相同的依恋感强烈影响居民亲环境行为。Walker发现，地方依恋（地方认同和地方依赖两个维度）和亲环境行为意图有很强的正相关关系。Halpenny认为，地方认同既影响一般的亲环境行为意图，也影响场所特定的亲环境行为意图。同时，地方依赖通过地方认同可以培养特定地点的亲环境行为意图，从而影响一般的亲环境行为意图。程文谦在对世界自然遗产目的地的亲环境行为研究中，认为地方依恋对亲环境行为意图有较大的影响。基于此，本研究提出以下三个假设：

H3：对特定山地运动地点的地方认同会影响对该地区的亲环境行为意图。

H4：对特定山地运动地点的地方依赖会影响对该地区的亲环境行为意图。

H5：对特定山地运动地点的地方依赖会影响对该地区的地方认同。

本研究的主要目的是探讨我国山地户外运动参与者的行为对地方依恋和亲环境行为意图的影响，并探讨地方依恋对特定地点的亲环境行为意图的影响。基于上述假设，本研究构建了户外运动参与者行为与地方依恋及亲环境行为意图关系的概念模型，如图6-1所示。

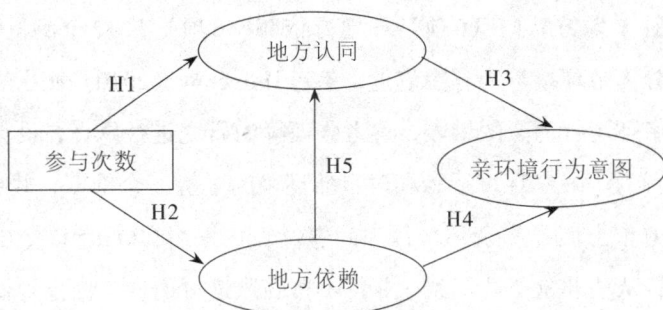

图6-1　概念模型

6.3　研究设计与方法

6.3.1　研究区概况及选取

神农架自然保护区位于神农架林区西南部，面积为70 467公顷，主峰大神农架海拔3 105米，是中国国家级自然保护区、世界地质公园，入选世界生物圈保护网。自然保护区内山泉广布、山势雄伟，吸引了大量爱好者来此进行徒步、登山、滑雪等户外运动。近年来，随着游客和户外运动参与者的迅速增多，神农架保护区生态环境承载压力凸显，区域经济发展与生态可持续发展的矛盾也成为神农架自然保护区的主要矛盾，因而作为户外运动参与者的地方依恋和亲环境行为意图的研究案例地具有相当的代表性。

6.3.2 问卷设计与变量选取

本研究的问卷分为三部分，第一部分是人口特征统计调查，主要包括受访者的性别、年龄、月收入、同伴类型、活动时长、参与户外运动次数、受教育程度等。第二部分为地方依恋调查，借鉴了Williams 的旅游依赖量表的汉化版，参考程文谦、贾衍菊等的研究修订，设计了地方认同（6 项）和地方依赖（6 项）共 12 个测量题项。第三部分为亲环境行为意图调查，参考 Halpenny（2010）使用的特定地点的亲环境行为意图量表，参考张茜等的研究进行修订，设计了具体环境行为、限制环境行为和对自然环境的了解三个维度，共 9 个题项。地方依恋问卷和亲环境行为问卷量表均采用 Likert 5 级量表为测量尺度，从"非常赞同"到"非常不赞同"进行衡量，由高到低分别赋值 5 至 1 分。

6.3.3 数据获取

为检验调查问卷质量，本研究按照规范化程序实施小样本的预调研和前测。2021 年 10 月，我们对神农架自然保护区山地户外运动进行预调研，受访对象为神农架地区滑雪、登山、徒步等户外运动的参与者，通过网络获取有效问卷 84 份。2021 年 11—12月，我们对神农架自然保护区进行正式调研，通过开展神农架户外运动的俱乐部发放网络问卷，在剔除无效问卷后，共获取有效问卷 350 份。

6.3.4 问卷检验

调查问卷采用克朗巴哈（Cronbach's α）信度系数对模型观测变量的内部一致性进行检验，采用因子分析法对指标进行效度分析。通过信效度检验后发现，量表具有良好的信度和效度，适合进行实证检验分析。

同时，本研究采用 Harman 单因素检验法。该方法的原理是，如果对量表的所有变量进行因子分析，结果只析出一个因子或某一个因子的解释力特别强，则可以判定存在共同方法偏差。在本研究中，首先对数据进行 KMO 检验和 Bartlett 球形检验，结果显示 KMO 值 = 0.885，Bartlett 值为 5 723.742，df=231，p<0.001，因此该数据适合因子分析。将公因子数设定为 1，分析后发现，公因子解释了方差的 32.899%，小于 40% 的临界标准，表明本研究没有严重的共同方法偏差问题。

6.4 结果与分析

6.4.1 受访样本描述性分析

神农架自然保护区户外运动参与者样本特征显示（见表6-1），在性别结构上，男性占大多数，比例为68.9%；在年龄结构上，受访主体多介于30～39岁之间，占总量的47.7%；在收入结构上，月收入在2 000～5 000元之间者居多，占受访总体的42.9%；参与户外运动的同伴，多以朋友和同事为主，比例为46.8%；在参与户外运动次数上，参与1次的人数最多，比例为39.1%，其次为参与2～4次的，比例为34.9%；从事户外运动时长方面，1天以内的人数最多，比例为48.9%；在受教育程度上，本科以上学历占大多数，其中本科学历占44%，研究生学历占22%。

表6-1 受访样本基本信息（n=350）

项目	特征值	次数	百分比
性别	男	241	68.9
	女	109	31.1
年龄	小于<20岁	20	5.7
	20~29岁	43	12.3
	30~39岁	167	47.7
	40~49岁	119	34.0
	50岁以上	1	0.3
月收入情况	2 000元以下	18	5.1
	2 000~5 000元	150	42.9
	5 000~1万元	86	24.6
	1万元以上	96	27.4
同伴	我自己	37	10.6
	家人/亲戚	54	15.4
	朋友/同事	164	46.8
	其他同行者	95	27.2
户外运动参与次数	1次	137	39.1
	2~4次	122	34.9
	5次及以上	91	26.0
参与户外运动的时长	1天以内	171	48.9
	2~3天	80	22.9
	3天以上	99	28.3
受教育程度	高中及以下（含中专）	44	12.6
	大专	75	21.4
	大学本科	154	44.0
	研究生	77	22.0

6.4.2　验证性因素分析

1）地方依恋

为检验地方依恋问卷中的题项质量，需要对量表的题项进行探索性因子分析（Exploratory Factor Analysis，EFA）。探索性因子分析要求数据KMO值（Kaiser-Meyer-Olkin Measure of Sampling Adequacy）大于0.6，Bartlett球形检验结果显著，因子分析后因子载荷应当尽量大于0.5且不存在较大的交叉载荷，累计方差解释率应大于40%。

结果显示，量表题项的KMO值为0.919且Bartlett球形检验结果显著（p<0.001），数据适合进行探索性因子分析（见表6-2）。

表6-2　　　　　　　　KMO及Bartlett球形检验结果

Kaiser-Meyer-Olkin Measure of Sampling Adequacy		0.919
Bartlett's Test of Sphericity	Approx.Chi-Square	3 676.031
	df	66
	p	0.000

特征值分析显示，特征值大于1的成分共两个，累计解释了77.159%的方差，包含了绝大多数原始信息（见表6-3）。

表6-3　　　　　　　　　总体解释方差

Component	Initial Eigenvalues			Extraction Sums of Squared Loadings			Rotation Sums of Squared Loadings		
	Total	% of Variance	Cumulative %	Total	% of Variance	Cumulative %	Total	% of Variance	Cumulative %
1	5.795	48.289	48.289	5.795	48.289	48.289	4.688	39.067	39.067
2	3.464	28.87	77.159	3.464	28.87	77.159	4.571	38.092	77.159

Note：Extraction Method is Principal Component Analysis.

进行两个成分的提取，并采用最大方差法进行旋转。结果显示（见表6-4），每个因子对应题项的因子载荷（Factor loading）均大于0.5且不存在较大的交叉载荷（Cross loading），因子之间结构清晰，与预期一致，具有良好的结构效度。

表6-4 旋转成分矩阵

因子	成分	
	1	2
YL1		0.880
YL2		0.863
YL3		0.835
YL4		0.821
YL5		0.897
YL6		0.893
RT1	0.881	
RT2	0.877	
RT3	0.813	
RT4	0.861	
RT5	0.878	
RT6	0.944	

提取方法：主成分分析法。

旋转方法：凯撒正态化最大方差法。

旋转在3次迭代后已收敛。

2）亲环境行为意图

对受访者亲环境行为意图调查的结果显示，量表题项的KMO值为0.740，且Bartlett球形检验结果显著（$p < 0.001$），数据适合进行探

索性因子分析（见表6-5）。

表6-5   KMO及Bartlett球形检验结果

Kaiser-Meyer-Olkin Measure of Sampling Adequacy		0.740
Bartlett's Test of Sphericity	Approx.Chi-Square	3676.031
	df	66
	p	0.000

特征值分析显示，特征值大于1的成分共3个，累计解释了77.120%的方差，包含了绝大多数原始信息（见表6-6）。

表6-6   总体解释方差

Component	Initial Eigenvalues			Extraction Sums of Squared Loadings			Rotation Sums of Squared Loadings		
	Total	% of Variance	Cumulative %	Total	% of Variance	Cumulative %	Total	% of Variance	Cumulative %
1	3.667	40.748	40.748	3.667	40.748	40.748	3.257	36.188	36.188
2	1.828	20.312	61.060	1.828	20.312	61.060	1.855	20.606	56.794
3	1.445	16.059	77.120	1.445	16.059	77.120	1.829	20.325	77.120

Note：Extraction Method is Principal Component Analysis.

进行3个成分的提取，并采用最大方差法进行旋转。结果显示，每个因子对应题项的因子载荷（Factor loading）均大于0.5且不存在较大的交叉载荷（Cross loading），因子之间结构清晰，与预期一致，具有良好的结构效度，见表6-7。

3）相关分析

本研究通过假设检验，阐明了山地户外运动参与次数与地方依恋的关系，以及地方依恋对参与者环境行为意图的影响，表6-8显示了以下每个变量的皮尔森乘积矩相关系数。

表6-7   旋转成分矩阵

因子	成分		
	1	2	3
JT1	0.857		
JT2	0.780		
JT3	0.724		
JT4	0.773		
JT5	0.850		
HJ1			0.930
HJ2			0.938
XZ1		0.956	
XZ2		0.957	

提取方法：主成分分析法。

旋转方法：凯撒正态化最大方差法。

旋转在 4 次迭代后已收敛。

表6-8   相关分析

	1	2	3	4
1.地方依赖	1			
2.地方认同	0.392**	1		
3.参与次数	0.343**	0.691**	1	
4.亲环境行为意图	0.476**	0.221**	0.175**	1

** 表示在 0.01 级别（双尾）相关性显著。

经因子分析与相关分析可知，各潜在变量间具备区别效度，且神农架保护区户外运动参与者的地方认同与地方依赖（0.392）、参与次数与地方认同（0.691）、参与次数与地方依赖（0.343）、亲环境意图与地方依赖（0.476）、亲环境意图与地方认同（0.221）均存在显著正相关。本研究假设得到初步验证。

4）结构模型分析

在以上验证性因子分析基础上，以特定山地环境中的户外运动参与次数作为自变量，以地方认同和地方依赖作为中介变量，以亲环境行为的三个维度作为因变量，进行结构方程模型分析，模型拟合度指标值分别为：$\chi2/df=1.546$（配适标准<3），RMSEA=0.040（配适标准<0.08），AGFI>0.932（配适标准>0.9），NFI=0.963（配适标准>0.9），CFI=0.986（配适标准>0.9），GFI=0.950（配适标准>0.9），IFI=0.987（配适标准>0.9）。

各项拟合度指标值的实际值均在建议范围内，达到相应参数的适配标准，各项拟合度指标均达到理想状态。模型拟合度指标及评价标准见表6-9。

表6-9　　　　　　　　　　　　模型拟合度指标及评价标准

指标	评价标准	数值
CMIN/DF（$\chi2/df$）	<3	1.546
RMSEA	<0.08	0.040
AGFI	>0.9	0.932
NFI	>0.9	0.963
CFI	>0.9	0.986
GFI	>0.9	0.950
IFI	>0.9	0.987

运用结构方程式探索山地户外运动参与者的参与次数与地方依恋、亲环境行为意图之间的关系（如图6-2所示）。将潜变量与观测变量导入假设模型，运行AMOS23.0工具获取假设模型的拟合值数、路径系数以及t检验值。结果显示（见表6-10）：户外运动参与次数

对地方依赖存在显著正向影响，路径系数为 0.209，p<0.001，假设
H2 得到验证；参与次数对地方认同存在显著正向影响，路径系数为
0.697，p<0.001，假设 H1 得到验证；地方依赖对地方认同存在显著
正向影响，路径系数为 0.114，p<0.01，假设 H5 得到验证；地方认同
对亲环境行为意图存在显著正向影响，路径系数为 0.214，p<0.01，
假设 H3 得到验证；地方依赖对亲环境行为意图存在显著正向影响，
路径系数为 0.55，p<0.001，假设 H4 得到验证。

表 6-10　　　　　　　　　　　　　路径系数

路径			标准化路径系数	非标准化路径系数	S.E.	C.R.	P	Label
地方依赖	←	参与次数	0.209	0.272	0.071	3.851	***	H2
地方认同	←	参与次数	0.697	0.937	0.059	15.808	***	H1
地方认同	←	地方依赖	0.114	0.118	0.042	2.811	0.005	H5
亲环境行为意图	←	地方认同	0.214	0.11	0.037	2.992	0.003	H3
亲环境行为意图	←	地方依赖	0.55	0.293	0.043	6.817	***	H4

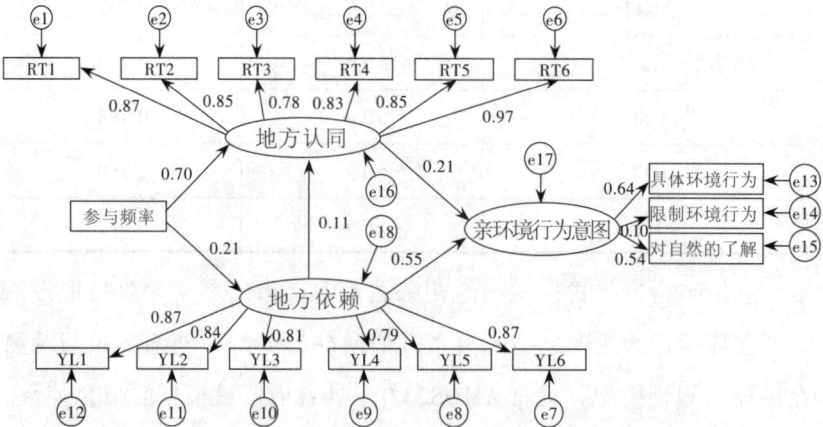

图 6-2　结构方程路径检验结果

表6-10显示，神农架自然保护区内的户外运动参与次数正向影响地方依赖，其路径系数为0.209；参与次数也正向影响地方认同，影响路径系数为0.697；同时，地方认同和地方依赖对亲环境行为意图也产生较大的影响，说明地方依恋在户外运动参与次数与亲环境行为意图之间起着中介作用。研究结果表明，山地户外运动参与者的行为建立了与自然环境的互动关系，基于对自然环境的认知和情感，对参与者亲环境行为意图产生了积极影响。

6.5　研究结论

6.5.1　结论

地方依恋对亲环境行为意图的影响已得到国内外学界实证研究的广泛支持，山地户外运动参与者的行为对活动目的地自然资源的可持续发展起着重要作用。本研究以山地自然环境为场景，通过分析户外运动参与次数、地方依恋和亲环境行为意图这些变量的关系，深入阐明山地户外运动与亲环境行为的影响机制，为制定山地户外运动发展规划、促进体育旅游与自然环境协调发展提供了理论支持。

首先，本研究阐明了山地户外运动行为对参与者地方依恋的影响，有助于弥补现有山地户外运动对参与者行为影响研究的局限。山地户外运动参与次数对地方依恋有着较大的影响，这一结果拓展了户外运动与地方依恋关系研究的适用环境，同时细化了户外运动对地方认同和地方依赖的影响。调查发现，参与者中本科以上学历、30~50岁人群均超过60%，说明受访者具备较强的环境保护认知能力。同时，由于神农架自然保护区的环境保护较为成熟，生态环境优越，对参与者地方依赖产生的影响效应较大，容易激发参与者的地方依恋情绪。同时，神农架特定的文化符号也强化了参与者的地方认同感。此外，有研究还指出，户外运动经验丰富的人比经验少的人表现出更强烈的情感联系。因此，参与者在神农架自然保护区内多次开展徒步、登山等户外运动后，地方依恋情感得到增强，形成了对活动目的地的认同和依赖。对于山地自然资源的管理者而言，保持山地良好的生态环境和强化当地的文化影响，有利于形成户外运动参与者的地方依恋情感。这对于山地户外运动参与者的亲环境行为意图有着重要的影响。

其次，本研究揭示了地方依恋在山地户外运动参与者的行为与亲环境行为意图之间的中介作用。户外运动参与者的亲环境行为对活动目的地自然资源的可持续利用起着关键作用。本研究从实际环境行为、限制环境行为和对自然的了解（环境教育）三个维度进行测量。通过山地户外运动参与者的地方依恋与亲环境行为意图的路径分析可知，地方认同和地方依赖均直接影响亲环境行为意图。这说明户外运动参与者的地方依恋情感是产生亲环境行为意图的重要原因。因此，着眼于山地户外运动参与者地方依恋情感的培养成为引导户外运动参与者亲环境行为的新思路。

尽管地方依恋对亲环境行为意图十分重要，但是地方认同情感的产生需要旅游者多次重游或长时间停留在目的地，而一次访问或短时间内的造访很难实现地方认同。因此，山地户外运动场所在规划和建设中，管理者除根据自然资源合理设计户外运动项目外，在开展环境教育的同时，还应将户外运动赛事和活动与当地文化结合，营造参与者与当地居民与文化互动的机会，增加爱好者多次参与当地户外运动的机会，从而增强游客对当地的归属感和依赖性，促进参与者对当地认同感和积极环境行为意识的提升。

6.5.2 研究局限

首先，亲环境行为意图的测量在实践中，人们可能会在调查中给出理想的答案，并认为自己可以做出保护生态行为，这样可能会高估亲环境行为。未来的研究可以采用测量实际的亲环境行为来减少潜在的社会期望影响。

其次，本研究仅从地方认同和地方依赖两个维度来测量地方依恋也存在一定局限性。从多学科视角出发，地方依恋有更广泛的定义。地方依恋的概念可以扩展到地方认同和地方依赖之外，例如，地方影响、社会或社区依恋或文化依恋等。

最后，这项研究的发现仅限于一个特定的地理空间。神农架自然保护区是国家级自然保护区，其生态保护、景区服务等方面十分完善，后续研究将围绕不同类型的山地自然区域展开调研，以重复验证的方式确认指标和研究假设的准确性，比较本研究中所调查的结论在不同空间中的普适性。

国家公园建设与山地户外运动发展

7.1　我国国家公园建设的发展

7.1.1　世界国家公园的发展

自1872年黄石公园作为全球首个国家公园成立以来，国家公园的理念历经了不断地拓展与深化。起初，国家公园是自然保护区的一种类型，起源于美国。2017年，中共中央办公厅、国务院办公厅印发《建立国家公园体制总体方案》。经过两年实践，2019年中共中央办公厅、国务院办公厅印发《关于建立以国家公园为主体的自然保护地体系的指导意见》。随着国家公园在自然保护区生态建设的优势越来越突出，其理念也逐渐被世界许多国家接受，2022年，属于世界自然保护联盟（IUCN）保护地分类体系中的"国家公园"数量已达6 004个[①]。

1）国家公园的起源

国家公园的概念最早是由艺术家、探险家乔治·卡特林在1832年提出的，他设想了一种自然保护区的表现形式，旨在保护美国的野生动植物和自然景观。这一理念在美国西进运动和第二次工业革命的背景下逐渐形成，并伴随着环境危机的加剧，人们开始转变对环境的认识，从而催生了国家公园的原始理念。

促使国家公园理念的形成主要有两个重要运动。第一个是美国的西进运动（westward movement），即美国东部居民向西部地区迁移的运动。该活动始于18世纪末，终于19世纪末，大批人口出于不同原因迁移至荒凉的西部地区，扩大了美国国内市场。然而，由于人口的快速增加，西进运动也破坏了大量自然资源和生态环境。第二个是工

---

① 张玉钧，宋秉明，张欣瑶. 世界国家公园：起源、演变和发展趋势 [J]. 国家公园（中英文），2023，1（01）：17-26.

业革命。在18世纪中叶，人类社会迎来了具有划时代意义的第一次工业革命。这不仅代表了人类科技发展的巅峰，也象征着人类开始大规模、高速度、深层次地开发和利用环境与资源。自此以后，人类不断刷新和突破环境与资源开发利用的规模和程度，对地球生态造成了前所未有的威胁。此外，一场充满开拓精神且无所顾忌的移民潮，推动了对荒野资源的过度开发。自然环境的逐渐恶化，使得人们重新思考人与自然的关系。在工业革命的背景下，保护生态环境的理念逐渐诞生，这种思想与当时的以工业发展为中心的思想相悖，但是人们对生存环境的关注使得生态思想进入主流视野，国家公园理念也因此诞生。此外，19世纪欧洲环境观念的转变也为国家公园理念的形成提供了重要的推动力。

1872年，以黄石公园的成立为标志，国家公园的理念正式确立。卡特林的国家公园理念影响深远，他的国家公园核心理念在于"保护"与"利用"的兼容，即在保护自然资源和生态环境的同时，也允许进行适度的旅游和休闲活动。这种保护模式不仅有助于保护生态系统和生物多样性，还能让公众亲近自然，提高环境保护意识。国家公园达到了保护生态系统完整性的目的，又为公众提供了旅游、科研、教育、娱乐的机会和场所，是一种能够合理处理生态环境保护与资源开发利用关系的行之有效的保护和管理模式。不同国家和地区根据自身的自然和文化特点，建立了各具自然和文化特色的国家公园。例如，欧洲的自然与乡村景观相结合的国家公园、美国的荒野国家公园、非洲的野生动物国家公园、中国以自然文化遗产为特征的国家公园。

2）世界国家公园的建设

（1）国家公园管理类型

目前，世界各国国家公园的管理模式主要有三种类型：国家集中管理、地方自治管理和国家与地方协同管理。国家集中管理，意味着国家公园的管理者是国家行政部门，相关部门依据国家法律法规对国家公园建设进行直接管理。例如，美国的国家公园管理局，下辖400多个保护单位，包括自然、历史、军事和游憩等类别的保护区；我国的国家林业和草原局（国家公园管理局），负责管理以国家公园为主体的自然保护地体系。这种国家直接管理的模式，使管理者能够更为顺畅地实施严格的保护措施，并有效执行相关的利用规制。国家直管的优势主要体现为管理职责明确，管理高效。

然而，由于土地使用的连续性和复杂性，将所有国家公园纳入国家直管体系的难度加大。相对于国家直接管理模式，地方自治管理则是将公园管理职责下放给地方政府或区域，这种管理策略更适应当地环境和区域的需要。这种管理的优势在于区域划分明确，管理责任清晰，可以促使各地区因地制宜地管理，更加有针对性。

联合管理型国家公园既包括本国跨地区的联合管理，也包括跨国界的联合管理。某些地区可能采取联合管理模式，即由中央政府与地方政府、非政府组织或私人部门共同参与国家公园的管理工作。跨国协作型是针对跨越国界的自然保护区域，可能需要涉及多个国家的合作和国际组织的参与，以实现跨境生态系统的整体保护，管理者根据实际需求和管理目标来确定管理范围。这种模式的优点在于，划定公园管理范围时，无须考虑土地所有权的问题，从而使得更大范围的保护成为可能。这种跨国界的联合管理在欧洲国家比较常见。

（2）美国国家公园管理

美国国家公园体系是全球规模最大、最完善的自然与文化遗产保护体系之一，由美国国家公园管理局（National Park Service，NPS）负责管理。美国国家公园体系经历了近百年的发展。1916年，美国国家公园管理局正式成立，开始对国家公园实施统一管理，经过一个多世纪的发展，其已经将几乎所有重要的、具有国家代表性的自然与文化遗产纳入保护范围。美国国家公园包括423个独立单位。随着国家公园的发展，相关法律法规也逐渐健全，例如《古迹法》《公园、景观道路及游憩区法》等。在管理政策上，采用区域自治的方式，让不同特性的地区实施各自不同的管理，达到了整体治理、分区管理的效果。虽然促进旅游是国家公园设立的目的之一，但更重要的是它们的环境保护功能。美国国家公园不仅保护自然资源，还通过各种项目研究、资源评估和管理模式来维护生态平衡。

（3）加拿大国家公园管理

加拿大国家公园体系是全球最早建立的国家公园体系之一，具有悠久的历史和重要的生态保护价值。1885年，加拿大的第一座国家公园——班夫国家公园成立，它也是世界上第三座国家公园。此后，加拿大在20世纪初迅速增设了更多国家公园，并在1911年成立了全球第一个国家公园局，标志着加拿大国家公园管理体系的正式确立。20世纪70年代，加拿大政府采纳了基于生物地理学的国家公园系统规划理念，这一举措显著推动了国家公园体系的发展。加拿大国家公园体系包括3大类子系统，即山地和高原国家公园、海岸和海洋国家公园以及平原和草原国家公园。这3个子系统是整体国家公园系统计划的核心，其任务是保护珍贵的生态栖息地、野生生物和生态系统多样性，除了对自然资源的保护，也包含了对历史文化资源的保护。其中，海岸和海洋国家公园是依据国家海洋保育系统计划而设立并运行的，致力于维护海洋生态系统的健康与完整性[①]。加拿大国家公园的管理方式与美国类似，同时也鼓励民众和民间组织参与国家公园管理、决策与经营。

（4）日本国家公园管理

日本国家公园体系包括国立公园和国定公园两类。国立公园对外

---

① EAGLES.Parkg legislation in Canada //Dearden P，Rollins R.Parks and protected areas in Canada：planning and management.【M】Toronto：Oxford University Press，2009：57-74.

被译为"国家公园",由中央政府直接管理,构成了普通意义上的国家公园系统。国定公园对外通常被译为"准国家公园",它是由中央政府认定,交由都、道、府、县地方政府管理的自然公园系统。为了加强国家公园管理,日本出台了《国立公园法》和《自然公园法》。日本的国家公园体系主要是为了满足国民的休闲游憩需求,因此,日本国家公园涵盖了自然景观和文化资源。这些公园在管理上以中央直管为主,地方政府管理为辅的。中央设立了自然保护局负责统筹管理,而地方政府则通过环境事务所等机构负责国家公园的日常管理。此外,日本也鼓励私营企业和民间机构、个人参与公园的建设与管理。在公园的运营上,尽管经费主要依赖于国家和各级地方政府的财政拨款。但是,日本国家公园实施了特许租赁制度,允许私营企业或个体在获得经营许可证后,在公园内经营酒店、餐饮、个性化服务等,使得日本国家公园具有多样性特征,有利于国家公园的可持续发展。

7.1.2　我国国家公园的建设

1)我国国家公园的建设历程

建立国家公园体制是党的十八届三中全会提出的重点改革任务之一,是中国生态文明制度建设的重要内容。2013年,我国提出要"建立国家公园体制",2015年开启国家公园体制试点工作[①]。2017年党的十九大报告中提出"建立以国家公园为主体的自然保护地体系"。随后,国家公园体制试点完成顶层设计,实现了国家公园和自然保护地统一管理[②]。党的二十大报告提出,推进以国家公园为主体的自然保护地体系建设。在空间布局上,把我国自然生态系统最重要、自然

---

① 施林,王萍. 守一方净土护一汪碧水——为推进国家公园建设贡献人大力量[J]. 中国人大,2022,(09):36-37.
② 常钦,寇江泽. 全国已建立10处国家公园体制试点[N]. 人民日报,2019-12-06.

景观最独特、自然遗产最精华、生物多样性最富集的区域纳入国家公园体系，遴选出49个国家公园候选区（含正式设立的5个国家公园）。我国建立了东北虎豹国家公园、祁连山国家公园、大熊猫国家公园等10处国家公园体制试点，涉及青海、吉林、海南等12个省份，总面积约22万平方千米，占陆域国土面积的2.3%[①]。到2019年，我国已建立10个国家公园体制试点单位。2021年我国正式设立了第一批共5处国家公园，涉及10个省区[②]。我国国家公园覆盖了我国近30%的陆域国家重点保护野生动植物种类，也标志着我国国家公园体系的初步构建，为生物多样性保护和生态文明建设奠定了坚实的基础。相关数据参见表7-1。

表7-1　　　　中国10个国家公园体制试点单位保护重点

国家公园试点单位	保护重点
东北虎豹国家公园	保护和恢复东北虎豹野生种群、保护生物多样性和野生动植物
祁连山国家公园	祁连山生物多样性和自然生态系统的原真性和完整性
大熊猫国家公园	野生大熊猫及其栖息地和其他国家重点保护野生动物、植物
三江源国家公园	淡水资源、水源涵养、高原生物多样性、高原生物种质资源
海南热带雨林国家公园	热带雨林生态系统原真性和完整性、热带生物多样性
武夷山国家公园	武夷山独特地貌类型和岩层结构、亚热带常绿阔叶林生态系统
神农架国家公园	亚热带森林生态系统、湿地生态系统、生物多样性
普达措国家公园	地质地貌、珍稀动植物、湖泊湿地、森林草甸、原始生态环境
钱江源国家公园	大面积低海拔中亚热带原始常绿阔叶林及其珍稀动植物
南山国家公园	水源涵养、东亚—澳大利亚国际候鸟迁徙通道、物种多样性

资料来源：根据国家公园管理局官网公布信息整理。

---

① 常钦，寇江泽. 全国已建立10处国家公园体制试点 [N]. 人民日报，2019-12-06.
② 杨尧，朱永明. 我国正式设立首批国家公园 [J]. 生态经济，2021，37（12）：9-12.

2）我国国家公园的定位

2017年9月，中共中央办公厅、国务院办公厅印发《建立国家公园体制总体方案》（以下简称《总体方案》），《总体方案》明确提出优化我国的自然保护地体系，"构建以国家公园为代表的自然保护地体系"。2019年6月，中共中央办公厅、国务院办公厅印发《关于建立以国家公园为主体的自然保护地体系的指导意见》（以下简称《指导意见》）。《总体方案》和《指导意见》是我国推进国家公园建设的重要文件。《总体方案》明确指出，国家公园的主要宗旨在于保护具有国家代表性的大面积自然生态系统，将其打造成为集自然资源科学保护与合理利用于一体的特定陆地或海洋区域。在这一过程中，必须坚守生态保护的首要地位，对自然生态系统的原真性和完整性实施严格、整体、系统的保护，兼顾科研、教育、游憩等多重功能。此外，国家公园还被明确划定为全国主体功能区规划中的禁止开发区，并被纳入全国生态保护红线管控范围，以确保其生态安全和可持续发展。

从我国国家公园设立的出发点来看，我国现有的自然保护地主要目标是保护生态资源，并合理利用自然资源，促进区域经济发展与生态环境保护的协调。国家公园的核心目标是保护国内最重要的自然生态系统，兼顾科研与游憩需求，核心功能是确保自然生态系统和自然文化遗产得到全面、原生态的保护。但同时，在实现生态保护的前提下，国家公园也被赋予了科研、教育和休闲的功能。尽管各类自然保护地在具体目标和功能上有所不同，但国家公园在保护自然生态系统方面的作用至关重要。例如，风景名胜区、森林公园、国家重点公园等，主要强调生态旅游。同时，即便以生态环境与自然资源保护为主要任务的保护区，如，湿地公园、地质公园、海洋公园、沙漠公园等，也明确地将部分区域划定为生态旅游区。同时，在国家公园内也划分了重点生态功能区，且范围较大，这其中包含禁止开发区和限制开发区。全国重要生态功能区和生态脆弱区均被划定为禁止开发区，并通过生态保护红线进行严格控制。而限制开发区则主要限制大规模高强度的工业化城镇化建设活动，此外，禁止开发区并不禁止所有活动，而是允许包括生态旅游在内的符合主体功能定位的开发利用活动①。

3）我国国家公园的管理

国家公园管理体制建设是我国生态文明建设的重要内容之一。在管理机制上，构建了集权管理、央地共治的垂直管理机制，即由国家公园管理局作为中央主管部门，各地国家公园管理机构行使区域管理权，负责当地国家公园的具体保护和管理。在管理模式上，我国主要采用了中央直管、央地共管和中央委托省级政府管理三种模式。

我国国家公园的中央直管、央地共管模式旨在通过明确中央政府和省级政府的职责，建立统一高效的管理机构，确保国家公园的生态保护和可持续发展。这种模式有助于实现国家公园体制的目标，即保护国家的自然遗产，同时促进科学研究、环境教育和可持续旅游。例如，我国第一个国家直管的国家公园——东北虎豹国家公园，由自然资源资产管理局（东北虎豹国家公园管理局）管理。由于东北虎豹活动区域涉及两个省份的多个林业局、林场、市、县、乡镇、村屯、自然保护区等，自然资源资产属多部门、多行政区管辖，保护和管理条块分割，体制机制不顺，管理不到位。为了解决行政区划将自然生态系统割裂、片段化的管理弊端，东北虎豹国家公园建立跨地区跨部门统一管理体制机制。而大熊猫国家公园、三江源国家公园等，采用的是中央与地方共管的模式。三江源国家公园建立了以三江源国家公园管理局为主体，当地村委员会与保护管理站协同管理的体系。中央直

① 刘卫先，李诚. 我国国家公园体制建设的主要制度障碍及其克服 [J]. 环境法评论，2022，（02）：3-17.

管模式实现了集中统一且高效的自然资源保护管理。从根本上消除了多头管理、职能重叠和职责分割等管理体制的弊端。

4）我国国家公园的运行制度

（1）国家公园的功能分区制度

国家公园的内部区域划分，是实现其功能目标的关键手段，同时也是对国家公园实施高效管理的基石。我国国家公园实行分区管理制度，主要分为核心保护区、过渡缓冲区和综合利用区。核心保护区是国家公园内保护级别最高的区域，主要目标是保护生态系统的原真性和完整性。核心保护区内通常禁止任何形式的人为活动，从而保障生物多样性和珍稀物种的栖息地不受干扰。过渡缓冲区主要围绕核心保护区设置，主要作用是为核心保护区提供保护屏障，允许一定程度的科学研究和环境监测活动，以减少对核心区的直接干扰。综合利用区在国家公园中承担着科研、教育、文化休闲等功能，合理利用自然资源，同时确保不破坏生态平衡。在实践中，各保护区在分区也存在一定差异，例如，武夷山国家公园分为"特别保护区、严格控制区、生态修复区和传统利用区"。《云南省国家公园管理条例》则将国家公园分为"严格保护区、生态保育区、游憩展示区和传统利用区"。

（2）行为清单制度

为了确保国家公园得到切实有效的严格保护，相关的法规文件应详细确立国家公园建设项目与行为活动的清单制度，不仅涵盖国家公园内允许进行的建设项目与行为活动（正面清单）及其适用范围，而且必须明确列出国家公园内禁止的建设项目与行为活动（负面清单）及其适用的区域。在国家层面，应对国家公园立法明确这些清单的具体规定。各具体国家公园的管理条例或办法，在遵循国家立法规定的基础上，可以根据各自国家公园的特殊情况对清单进行适当的调整。

然而，对于国家立法规定的正面清单，只能进行缩减，不得增加内容；对于国家立法规定的负面清单，则只能增加规定，不得删减。

（3）特许经营制度

纵观世界，政府特许经营是各国国家公园最普遍采用的商业模式：在生态保护的前提下，为提供更优质的餐饮、住宿、交通等非基本公共服务，由国家公园管理机构经过竞争程序选择社会资本，依法授权其开展规定范围、数量、质量的产品与服务。目前我国国家公园试点区中的经营模式可分为三类：一是垄断经营型。部分国家公园仍由原有经营主体即地方旅游国资企业统一开展经营活动，如普达措国家公园、神农架国家公园和武夷山国家公园。二是重塑再造型。有的试点区尝试借鉴国际经验，对国家公园经营进行重塑再造。三是创新落地型。三江源国家公园在管理体制统一行使自然资源资产所有权和国土空间用途管制权的基础上，与国际接轨，建设了以生态体验为主体且存在竞争的特许经营业态结构和系统化的管理制度，不仅为访客提供了高质量的生态体验活动，社区共建的股份制特许经营公司也使转产牧民有效增收。将户外运动作为一项旅游服务内容，将有效改善在自然保护区内开展户外运动的环境，同时设置经营门槛，使自然保护区的户外运动开展有法可依，促进户外运动与生态环境的协调发展。

7.2　国家公园建设与山地户外运动发展的关系

7.2.1　国家公园与山地户外运动的辩证关系

1）人与自然对立与统一

人与自然关系是人类社会最基本的关系。人类源于自然，依存于自然，是自然的组成部分①。自然界在人类出现之前已存在，自然界本身就具有内在创造力，这种内在创造力不以人类的意志为转移。大自然自身的创造力为地球上生物的繁衍创造了环境与条件，孕育了各种生物物种，形成了完整的生态系统。人类作为自然界的一部分，其生存与发展都离不开自然的恩赐。自然不仅为人类提供了必要的生产资料，还为人类提供了丰富的生活资源。人类与自然是息息相关的共生关系，因此，人类在发展活动中必须尊重自然、保护自然，这是人类必须遵循的客观规律。

"人类只有遵循自然规律才能有效防止在开发利用自然上走弯路，人类对大自然的伤害最终会伤及人类自身，这是无法抗拒的规律。"人与自然的共生关系决定了如果人的行为违背自然发展规律，必然受到自然的惩罚，人对自然的伤害最终会伤及人类自身。正如恩格斯指出的，如果说人靠科学和创造性天才征服了自然力，那么自然力也对人进行报复，按人利用自然力的程度使人服从一种真正的专制，而不管社会组织如何。

人与自然关系在自然演变过程中呈现出动态的发展过程，体现了辩证统一的过程。在原始时代，由于生产力水平低下，人类生存与发展对自然具有极强的依赖性，自然与人是一种主宰与被主宰、支配与被支配的关系，这一时期，人与自然表现出更多的是对立性。随着农业文明时代的到来，人类生产力水平逐渐提高，人类开始学会开发和利用自然资源，改造自然的能力增强，人与自然转变为利用和被利用的关系。而工业文明的到来，使人类与自然又走向新的对立关系，人类改造自然的能力越来越强，对自然的破坏程度越来越大，工业文明使得人类与自然走向了冲突与对抗。而这种对抗招致了自然的报复，

---

① 梁修德. 一体·对立·和谐——人与自然关系演进的历史逻辑 [J]. 安庆师范学院学报（社会科学版），2012，31（01）：92-96.

如疾病的传播、生存环境的恶化，使得人类的生命质量急剧下滑。至此，部分思想者开始重新思考人与自然之间的关系，并将人与自然和谐共生作为人类与自然关系发展演变的目标。在演变历程中，人与自然的关系经历了从崇拜依赖、开发利用到对抗冲突、再到和谐共存的辩证过程。人与自然的关系是一种辩证统一的关系，既包含对立也包含统一。其统一性表现在人类是自然界的一部分，人类的生存和发展依赖于自然资源和生态系统的平衡。人类通过生产劳动与自然进行物质和能量的交换，这种交换是人类社会发展的基础。随着科技的发展，人类改造自然的能力不断增强，形成了所谓的"人化自然"，即自然界中越来越多的部分受到了人类活动的影响。这种影响在一定程度上改变了自然的原始状态，体现了人与自然的相互联系和渗透。其对立性体现在人类在追求经济发展的过程中，往往会对自然环境造成破坏，如森林砍伐、水污染、大气污染等。这些破坏行为不仅损害了自然生态系统的健康，也对人类自身的生存环境构成了威胁。因此，人类必须认识到自己行为的后果，寻求一种可持续的发展方式，以减少对自然的负面影响。

因此，国家公园与山地户外运动的辩证关系，不仅需要在理论上进行深入探讨和研究，更需要在实践中得到体现和落实。只有在理论与实践相结合的基础上，才能真正实现人与自然和谐共生的目标。

2）生态文明建设与经济发展的对立与统一

生态环境是关系党的使命宗旨的重大政治问题，也是关系民生的重大社会问题。习近平总书记指出："经济发展不能以破坏生态为代价，生态本身就是经济，保护生态就是发展生产力。"这一重要论述，深刻揭示了生态环境保护与经济发展的辩证关系——生态环境保护与经济发展辩证统一。习近平总书记强调指出："生态环境保护和经济发展是辩证统一、相辅相成的，建设生态文明、推动绿色低碳循环发展，不仅可以满足人民日益增长的优美生态环境需要，而且可以推动实现更高质量、更有效率、更加公平、更可持续、更为安全的发展，走出一条生产发展、生活富裕、生态良好的文明发展道路。"

生态环境保护与经济发展之间的关系并非是对立的，而是相辅相成的。将这两者割裂开来或视为对立面，都是片面的。实际上，生态环境保护的成败，与经济结构和经济发展方式息息相关。过去几百年的工业化进程，在推动物质财富迅速积累的同时，也带来了严重的生态问题，如全球气候变暖、大气污染和生物多样性减少等。这些生态创伤警示我们，无序开发和过度掠夺自然资源必将受到自然的严厉惩罚。

经济发展不应以牺牲自然资源和生态环境为代价，而生态环境保护也不应成为阻碍经济发展的障碍。实际上，良好的生态环境本身具有巨大的经济价值，能够持续创造综合效益，促进经济社会的可持续发展。因此，建设生态文明不仅要求我们保护生态环境，还需要发掘生态价值，以实现经济社会的全面、协调、可持续发展。

在发展中保护、在保护中发展。推动生态文明建设与经济发展相互促进、相得益彰，必须坚持生态优先、绿色发展，自觉把经济发展同生态文明建设统一起来，贯彻创新、协调、绿色、开放、共享的新发展理念，加快形成节约资源和保护环境的空间格局、产业结构、生产方式、生活方式，努力提供更多优质生态产品，不断满足人民日益增长的优美生态环境需要。同时，把经济活动、人的行为限制在自然资源和生态环境能够承受的限度内，给自然生态留下休养生息的时间和空间。在推动生态文明建设与经济发展的过程中，必须始终坚持生态优先、绿色发展的原则，确保二者相互促进、相得益彰。这要求我们在发展经济的同时，高度重视生态环境保护，将二者统一起来。

经济发展和环境保护是辩证统一的关系。经济发展和环境保护的目的是统一的，都是为了满足人民的美好生活需要；两者的内容也是统一的，经济发展与环境保护相辅相成，是可以相互转化的。正如习近平总书记强调的，"绿水青山就是金山银山"。一方面，高质量发展必须是绿色、可持续的发展。我们要认真贯彻新发展理念，突出转型发展主攻方向，坚持一手抓改造升级传统产业、一手抓培育壮大新兴产业，推进产业结构调整，推进企业深度治理，这样就能有效减少企业污染排放，促进空气质量改善。另一方面，我们要加大环境治理力度，加快生态绿化建设，形成绿色生产方式和生活方式，促使环境质量不断提升，这样也能为经济发展提供更大空间。

3）国家公园建设与山地户外运动发展的辩证统一关系

在人与自然的关系中，一方面，人类作为自然的一部分，始终在寻求与自然的和谐共生。国家公园的建立，正是人类为了保护自然生态，实现可持续发展而采取的一项重要措施。国家公园通过划定特定的保护区域，对自然资源进行保护和管理，使得自然生态系统得以维护和恢复。而山地户外运动，是人类与自然互动的一种方式，通过登山、徒步、骑行等活动，使人类更加深入地接触和了解自然，从而增强对自然的敬畏和保护意识。

另一方面，人与自然之间又存在着对立关系。人类在开发自然资源、发展经济的过程中，往往会对自然环境造成破坏。而自然也会通过自然灾害、气候变化等方式，对人类活动进行反馈和调节。这种对立关系，在一定程度上限制了山地户外运动的发展。例如，在自然保护区或生态脆弱区开展山地户外运动，可能会对当地生态环境造成损害，从而影响国家公园的保护目标。

这种对立与统一的关系，使得国家公园与山地户外运动之间呈现出一种辩证关系。一方面，国家公园需要借助山地户外运动等人类活动，提高公众对自然生态的认识和保护意识，促进自然生态的保护和可持续发展。另一方面，山地户外运动也需要在尊重自然、保护自然的前提下进行，以实现人类与自然和谐共生的目标。

7.2.2　国家公园建设与山地户外运动发展的矛盾

尽管国家公园建设与山地户外运动发展存在辩证统一的关系，但是由于发展的不平衡，在不同时期，不同发展阶段，两者之间存在一些矛盾。

第一，生态环境保护与户外运动开展的矛盾。徒步、登山、骑行等活动，往往需要穿越各种自然环境，包括森林、草地、湿地、荒漠等。这些活动不可避免地会对生态环境造成一定的影响，活动者可能会不自觉地踩踏地面植被，导致土壤侵蚀和生态系统失衡。在脆弱的山地环境中，一旦植被被破坏，恢复需要很长时间。人类活动还会扰乱动物的自然行为，如觅食、繁殖等，可能引发生态连锁反应。若户外运动者未能妥善处理垃圾，遗留的食品包装、塑料瓶等垃圾将污染环境，伤害野生生物。大量游客涌入可能导致当地水资源、食物供应等面临压力。随意搭建临时建筑或设施，不仅破坏自然景观，还可能带来长期的环境损害。森林火灾、迷路或遇险等事件不仅危及个人安全，也可能对环境造成严重伤害。

第二，自然景观退化与场地设施建设的矛盾。由于对户外运动资源的开发利用缺乏合理规划，致使原本和谐的自然生态环境遭受了严重干扰和破坏。地质地貌、水文条件以及生物资源的系统性均受到不同程度的侵扰，导致原有的自然景观特色逐渐丧失，变得单调乏味。同时，自然环境的连续性和协调性也遭到了破坏。在户外运动资源开发过程中，无规划地进行基础设施建设，修建绿道、建设营地和户外运动场地，开展各类竞赛，不仅破坏了动植物的生存环境，也导致景点的自然生态环境失去原有的系统性和完整性，进而使得原有景观的自然性逐渐消失，失去了原有的观赏和旅游价值。

7.2.3　国家公园建设与山地户外运动发展的融合与协调

1）以科学发展观为指导

科学发展观是坚持以人为本，全面、协调、可持续的发展观。科学发展观的第一要义是发展。坚持科学发展观的根本目的，是为了实现更快更好的发展。无论是全面、协调，还是可持续，最后都要落到"发展"两个字上。科学发展观的核心是以人为本。以人为本，是我们党根据历史唯物主义关于人民是历史发展的主体、是推动历史前进的根本力量的基本原理提出来的。

科学发展观的基本要求是全面、协调、可持续。科学发展观是用来指导发展的，全面协调可持续发展是科学发展观的基本要求。坚持全面协调可持续这一科学发展观的基本要求，就是要按照中国特色社会主义事业总体布局，全面推进经济建设、政治建设、文化建设、社会建设，促进现代化建设各个环节、各个方面相协调，促进生产关系与生产力、上层建筑与经济基础相协调。坚持生产发展、生活富裕、生态良好的文明发展道路，建设资源节约型、环境友好型社会，实现速度和结构质量效益相统一、经济发展与人口资源环境相协调，使人民在良好生态环境中生产生活，实现经济社会永续发展。

科学发展观的根本方法是统筹兼顾。在国家公园建设与山地户外运动发展中，必须以此为指导，实现两者的融合与协调。要坚持生态优先，保护自然生态系统的完整性和稳定性，确保国家公园的生态功能得到有效发挥。同时，要合理规划和布局山地户外运动项目，使其与自然环境相协调，减少对生态环境的破坏和干扰。在推动两者融合发展的过程中，要注重经济效益、社会效益和生态效益的统一，实现可持续发展的目标。

2）以习近平生态文明思想为根本遵循

习近平生态文明思想具有一系列重大原创性理论贡献，是当代中国马克思主义、21世纪马克思主义在生态文明建设领域的重大创新成果。习近平总书记提出了推进生态文明建设的五项重要原则。

第一，科学自然观——坚持人与自然和谐共生。人与自然是生命共同体，人类必须尊重自然、顺应自然、保护自然。人类只有遵循自然规律才能有效防止在开发利用自然上走弯路，人类对大自然的伤害最终会伤及人类自身。因而必须坚持人与自然和谐共生，坚持节约优先、保护优先、自然恢复为主的方针。

第二，绿色发展观——绿水青山就是金山银山。绿水青山和金山银山不是对立的，保护生态环境就是保护生产力，改善生态环境就是发展生产力。习近平总书记认为，生态文明建设与经济增长既存在矛盾，又可以统一。他把二者的关系形象地比作两座山，"既要绿水青山，也要金山银山"，强调我们追求人与自然的和谐，经济与社会的和谐。

第三，基本民生观——良好生态环境是最普惠的民生福祉。随着我国社会生产力水平明显提高和人民生活显著改善，人民群众的需要呈现多样化多层次多方面的特点，期盼享有更优美的生态环境。

第四，整体系统观——山水林田湖草是生命共同体。必须按照生态系统的整体性、系统性及内在规律，统筹考虑自然生态各要素、山上山下、地上地下、陆地海洋以及流域上下游，进行整体保护、宏观管控、综合治理，全方位、全地域、全过程开展生态文明建设，增强生态系统循环能力，维护生态平衡。

第五，严密法治观——用最严格制度最严密法治保护生态环境。在生态环境保护问题上，就是不能越雷池一步，否则就应该受到惩罚。必须建立系统完整的生态文明制度体系和有效约束开发行为和促进绿色发展、循环发展、低碳发展的生态文明法律体系。

在习近平生态文明思想的引领下，国家公园建设与山地户外运动融合发展，主要体现在：

首先，加强规划引领和制度建设。要实现国家公园建设与山地户外运动发展的融合与协调，必须加强规划引领和制度建设。政府管理部门要制定科学合理的规划方案，明确国家公园的功能定位和发展目标，合理规划山地户外运动项目的布局和规模。同时，要加强制度建设，建立健全相关法律法规和标准体系，规范山地户外运动项目的开发和运营行为，确保其对生态环境的保护和可持续发展。

其次，推动科技创新和绿色发展。科技创新是推动国家公园建设与山地户外运动发展融合与协调的重要手段。政府管理部门可以与企业合作，在线路规划、环境监控、环境承载力等方面加强科技研发和推广应用，在营地、道路等设施建设中推动绿色技术的发展和应用，降低山地户外运动项目对生态环境的影响。同时，还要加强户外运动参与者的环保宣传和教育，提高公众对生态环境保护的意识和参与度，形成全社会共同参与的良好氛围。

最后，推动合作与共赢。国家公园建设与山地户外运动发展涉及多个部门和领域，需要推动合作与共赢。要建立健全跨部门、跨领域的协调机制，形成合力推动两者融合发展的良好局面。同时，要加强与国内外相关组织和企业的合作与交流，学习借鉴先进经验和技术手段，推动国家公园建设与山地户外运动发展的国际化和现代化。

习近平生态文明思想是山地户外运动与区域生态环境协调发展的根本指导思想。这就要求我们在发展山地户外运动产业的同时，贯彻新发展理念，注重在山地户外资源开发、赛事活动举办的同时开展推进生态环境保护治理，使参与者和当地居民都获得满足感、幸福感和安全感。马克思主义认为，人民群众是社会发展的主体动力。因此，国家公园建设要重视发挥公众和社会力量的主观能动性，顺应公众对自然保护地的需求。在国家公园中发展山地户外运动产业，必须获得参与者和当地居民的共同支持和参与，才能形成推动国家公园生态保护地生态建设的合力。

山地户外运动产业是绿色产业，与国家公园建设的目标高度契合。山地户外运动爱好者在体验自然之美的同时，也能够深刻认识到保护生态环境的重要性，从而成为生态文明的积极传播者和实践者。因此，在推动国家公园建设与山地户外运动融合发展的过程中，要注重发挥山地户外运动爱好者的作用，引导他们成为生态文明建设的积极参与者和推动者。同时，我们也要看到，国家公园建设与山地户外运动发展融合与协调是一项长期而艰巨的任务。我们需要持之以恒地加强规划引领、推动科技创新、加强合作与共赢、注重公众参与等方面的工作，不断完善相关政策和措施，确保两者的协调融合。

7.3　国家公园建设背景下山地户外运动发展模式

国家公园以生态环境、自然资源保护和适度旅游开发为基本策略，通过较小范围的适度开发实现大范围的有效保护，既排除了与保护目标相抵触的开发利用方式，达到了保护生态系统完整性的目的，又为公众提供了旅游、科研、教育、娱乐的机会和场所，是一种能够合理处理生态环境保护与资源开发利用关系的行之有效的保护和管理模式。国家公园通过生态实践、环境教育实现全民共享、世代相传的目标，通过国家公园促进和提升全民的生态保护观念，同时自然而然地解决生态环境保护部门与旅游部门的矛盾。

7.3.1　山地户外运动资源开发原则

在国家公园建设背景下，山地户外运动的发展应遵循全局观念、协调发展、生态优先、安全可控和多元化发展等原则。通过这些原则的指导和实践，推动山地户外运动与生态环境的和谐共生，实现经济效益和生态效益的双赢，为全民共享、世代相传的生态保护观念贡献力量。

1）全局观念原则

山地户外运动资源的开发利用，必须严格遵循当地旅游业的发展战略规划及指导思想，紧密围绕发展重点与既定步骤展开。各地应摈弃各自为政、盲目开发的做法，确保资源的开发利用科学合理，避免造成不必要的人力、物力和财力浪费。鉴于各地山地旅游资源的差异性，包括种类、数量、质量及开发利用条件等，受财力所限，我们应优先开发那些质量上乘、特色鲜明且具备良好开发条件的旅游资源，以确保资源利用效益最大化。

2）协调发展原则

山地户外运动与自然环境之间应建立和谐共生的关系。在开发过程中，必须尊重自然规律，确保运动活动的开展不会对生态环境造成破坏。同时，应注重与当地社区、文化、历史的融合，实现户外运动与地区特色的协调发展。这不仅能提升山地户外运动的吸引力和可持续性，还能促进当地社区的经济发展和文化传承。山地户外运动的发展需要与国家公园的旅游开发相结合。国家公园作为旅游目的地，吸引着大量游客前来参观和体验。山地户外运动可以作为一种特色旅游产品，吸引更多游客参与。山地户外运动的发展还需要注重环境教育和公众参与。国家公园不仅是自然资源的保护区，也是环境教育的重要场所。组织户外运动活动，可以向公众传递生态保护的理念和方法，提高公众的环保意识和参与度。例如，开展户外环保知识讲座、生态体验活动等，让公众在参与户外运动的同时，了解并关注生态环境保护的重要性。

3）安全可控原则

山地户外运动具有一定的风险性，国家公园管理部门应加强对山地户外运动活动的监管，确保活动在合法、安全、环保的前提下进行。同时，还需要建立健全的应急救援体系，确保户外运动爱好者在遇到突发情况时能够得到及时有效的救援和帮助。在资源开发过程中，必须始终把安全放在首位。通过科学规划、合理布局、严格管理，确保运动场地、设施、器材等符合安全标准，提高户外运动的安全性。同时，加强救援体系建设，提高应对突发事件的能力，保障参与者的生命安全。

4）多元化发展原则

山地户外运动具有丰富多样的项目类型，如徒步、攀岩、山地自行车等。在资源开发过程中，应注重多元化发展，满足不同人群的需求。通过引入多种运动项目，丰富户外运动的内容，提高参与者的体验感和满意度。同时，结合当地文化和特色，开发具有地方特色的运动项目，增强山地户外运动的吸引力和竞争力。通过开发具有地方特色的户外运动项目，如徒步、攀岩、山地自行车等，满足游客对于自然体验和健康运动的需求。同时，山地户外运动的发展也可以带动相关产业的繁荣，如户外运动装备销售、户外导游培训等。

5）生态优先原则

在国家公园背景下，山地户外运动的发展必须坚守生态优先的原则。这意味着在开发户外运动资源时，应充分考虑生态环境的承载能力，确保运动项目的开展不会对生态环境造成破坏。必须充分考虑对自然环境的影响，并采取措施减少对生态环境的破坏。例如，在规划户外运动路线时，应避免穿越敏感生态区域，减少对野生动植物的干扰。同时，户外运动爱好者也应遵守国家公园的相关规定，不随意丢弃垃圾，不破坏植被和野生动物栖息地。同时，还应通过科学合理地的规划和管理，推动户外运动与生态环境的和谐共生，实现经济效益和生态效益的双赢。

7.3.2 山地户外运动发展模式

山地户外运动高度依赖自然环境，国家公园的建设为山地户外运动提供了广阔的发展空间和丰富的资源。在这一背景下，山地户外运动的发展路径应当紧密结合国家公园的生态保护策略，实现运动与自然的和谐共生。当前，我国国家公园的户外运动资源开发主要有几种模式。

1）"人地协同"模式

从国外国家公园发展史来看，原住居民与国家公园的关系始终是国家公园建设必须面对和处理好的问题。对于这些地区的居民而言，自然资源和他们的生计是紧密相连的。在20世纪60年代和70年代初，许多发展中国家仿效北美和其他发达国家，推动原住居民社区从公园边界内搬离。在这些所谓的"荒地"公园中，原住居民往往面临强制迁移，并且长时间未能从保育工作或公园旅游业中获得应有的收益。这种做法产生了两大直接后果：首先，由于切断了社区居民对自然资源的传统利用方式，导致社区对国家公园的支持程度降低，进而引发了偷猎和其他非法活动，并对原本可以得到保护的自然资源造成了损害。其次，在许多情况下，国家公园范围内保护起来的环境，通常与人类活动形成了复杂的交互关系。一旦这些活动被终止，先前支持物种多样性的环境能力也通常会受到削弱。

到了20世纪70年代末，人们开始逐渐认识到盲目应用发达国家管理模式所带来的种种问题。在这一时期，中美洲率先提出了生态旅游的概念，强调保育事业不仅应满足旅游者的需求，还应让旅游业和保育区管理融入当地社区，使原住居民能够从国家公园和保护区的创建过程中获得实际的利益。从20世纪80、90年代开始，人们更加深刻地认识到，国家公园不仅是自然资源的保护地，更是原住居民的文化景观，具有深厚的文化和精神价值。因此，通过参与式保护将当地人纳入公园管理变得至关重要。这一理念的转变标志着对国家公园与原住居民关系认识的深化，也为未来的国家公园建设提供了新的方向和思路。

中国众多国家公园管理问题与国际案例在多个方面具有共性和差异。以三江源国家公园为例，该地区的产业结构相对单一，约九成牧民长期从事畜牧业生产，长期以来形成了随水草迁移的生产生活方式，高度依赖草原和牧业维持生计。相较于省内外其他地区，三江源地区的社会经济发展相对滞后。当地牧民面临着保护与发展之间的协调挑战，以及生产生活方式的转变难题。一方面，当地草原亟待保护和恢复；另一方面，牧民面临着真实的生活贫困。与平衡自然保护和旅游教育等议题相似，当地牧民的致富与环境保护同样需要精心权衡。为了保护三江源国家公园地区牧民的传统文化，同时改善他们的贫困生活，三江源国家公园为牧民提供了"一户一岗"的工作机会。牧民在保持传统放牧生活的同时，定期担任国家公园的"生态管护员"，负责监督当地环境、水质，以及回收游客遗留的垃圾等工作。目前，三江源国家公园已有17 211位生态管护员获得了正式的上岗资格。

为了实现"人地协同"，三江源国家公园将游客身份转变为访客。三江源国家公园黄河源园区每年设定了约2 000个访客预约名额，以确保生态资源的可持续利用。有意前往国家公园的访客，不仅需提前在线上进行预约，还需接受国家公园访客测试、行前教育等知识与体能的综合评估，并签署《三江源国家公园黄河源园区生态体验访客行为规范》，经过预约、测试及行前教育等程序后才能进入园区。访客在三江源国家公园内的活动项目与传统旅游有所不同，除了传统的乘坐观光车在指定范围内游览和拍摄活动外，访客还可以选择更具挑战性的户外项目，如攀登玉珠峰。此外，访客还有机会深入牧民家庭，亲身体验牧民的真实生活。

在户外运动开发方面，三江源国家公园特许经营企业云享自然已开发出昂赛大峡谷的徒步和骑行项目线路。未来，还将规划多条不同长度的徒步线路，以及两座雪山的商业攀登线路。国家公园要求所有计划进行徒步、登山等户外活动的爱好者必须提前预约，以确保活动的有序进行和生态资源的有效保护。

三江源国家公园的"人地协同"模式以处理好当地牧民群众全面发展与资源环境承载能力的关系为基础，形成人与自然和谐发展的新态势，将户外运动资源开发融入当地的人文文化和生态文化，使原始居民与访客共同维护当地生态文明环境。

2）"绿色基金"模式

2021 年，国务院办公厅印发《关于鼓励和支持社会资本参与生态保护修复的意见》（以下简称《意见》），社会参与生态保护是当前环保领域的一个重要方向，它鼓励和支持包括个人、企业和非政府组织在内的社会资本积极参与到生态保护及生态修复项目中。《意见》明确提出了参与机制，鼓励和支持社会资本参与生态保护修复项目投资、设计、修复、管护等全过程，允许围绕生态保护修复开展生态产品开发、产业发展、科技创新、技术服务等，对生态保护修复进行全生命周期运营管护。对于具体参与方式，《意见》明确社会资本可以通过自主投资、与政府合作、公益参与3种方式，并通过利用获得的自然资源资产使用权或者特许经营权发展适宜产业、经政府批准的资源综合利用等获取投资回报。

社会参与生态保护的优势主要表现为：第一，社会资本具有网络动员资源和能力，这些资源可以通过合作、共享、交流等方式被动员起来，社会资本的网络结构使得相关组织和个体能够快速建立联系，共享信息，形成强大的集体力量，快速响应市场需求，为生态保护修复提供必要的资金、技术和管理支持。第二，通过吸引社会资本参与，可以在生态保护领域激发市场活力，增加优质生态产品的供给，提高生态保护和修复的效率和效果。社会资本参与有助于为生态保护领域注入更多的资金。传统的生态保护资金来源主要依赖于政府财政拨款，然而，有限的财政资金往往难以满足日益增长的生态保护需求。通过市场化运作引入社会资本，可以吸引更多的社会资金投入到生态保护领域，从而缓解资金短缺的问题。第三，鼓励社会资本参与生态保护修复，可以提高公众的环保意识，社会资本的参与意味着社会各界对环保问题的重视，这将激发公众的环保意识。随着人们对环保的认识加深，保护生态环境将不再仅仅是政府或环保组织的责任，而是成为每个人的自觉行动。社会资本的参与能够推动生态环境志愿服务的发展，使之成为社会风尚。当社会各界纷纷投入到生态保护修复项目中，这种积极的行动将感染更多人加入志愿者行列。志愿服务不仅能够让人们亲身体验生态保护的重要性，还能培养人们的团队精神和责任感。第四，社会资本具有敏锐的市场洞察力和丰富的行业经验，可以为生态保护项目提供多元化的投资选择和创新的运营模式。在市场竞争的推动下，生态保护项目将不断提升自身的竞争力和创新能力，从而推动整个生态保护领域的进步与发展。

"绿色基金"是社会资本参与生态环境保护的一种模式，主要是公益组织或基金通过志愿服务、捐赠等形式参与到生态保护活动中，增强公众的环保意识和参与度。以"白河攀岩基金"为例。白河峡谷位于燕山山脉中段的云蒙山，是中国著名的攀岩胜地。2000年，几位攀岩爱好者成立了白河攀岩基金，20多年来，该基金支持攀岩路线开发和维护、倡导低冲击攀登。为了维护和协调攀岩地区周边的生态环境，大批攀岩爱好者逐渐建成了27个岩区、900多条路线，为中国乃至世界的攀岩爱好者，提供了一座攀登乐园。白河攀岩基地针对攀岩领域涉及的生态问题，提出了尊重大自然、尊重岩石等攀岩准则。20年来经过不断摸索和完善，该基金逐渐形成了一套环境友好、高度克制的攀登线路开发规则，并得到越来越多的野外攀岩爱好者的认可。其中包括：在现有法律法规认定的保护区和自然景观内攀岩；在线路设计上避开特殊地质构造，对稀有景观有影响的路线，以及对其他不可再生资源、生态环境或当地民生有影响的线路，和地质地貌不稳定的区域。每年4月，"白河攀岩基金"都会组织"白河清扫"活动，号召爱好者将白河沿岸岩场的遗留物收集并带离。同时对岩友和当地村民进行环保理念的宣传和户外急救的培训。

"白河攀岩基金"的生态环境保护行为给其他自然保护区的户外运动提供了很好的借鉴。一方面，户外运动对自然保护区内的经济增长起到一定的促进作用，如果一概否之，关闭景区，不仅与国家公园建设目标相违背，当地经济也会受到影响；另一方面，户外运动一般具有一定的专业性，政府或者管理部门不具备针对性的管理条件，所以成立具有专业背景的社会公益组织能更好地加强自然保护区内的户外运动行为管理，而且公益组织在民间的号召力和动员力也强于管理部门，在宣传环保理念、加强环境教育上也有更加突出的作用。

3）环境教育融入户外运动

环境教育是提升公众环保意识、培养环保行为的重要手段。通过环境教育的方式推动公民对环境、水资源、大气、垃圾、生物多样性问题的关注和解决，推动政府可持续发展政策的制定和实施。

将环境教育融入户外运动，不仅可以增强参与者的环保意识，还能在实践中培养他们的环保行为。户外运动常在各种自然环境中进行，这为环境教育提供了得天独厚的条件。通过户外运动，人们可以更直观地感受自然的魅力，理解生态平衡的重要性，学习如何在享受自然的同时保护它。例如，在徒步旅行中，可以教育参与者如何避免破坏植被，如何正确处理垃圾。在攀岩活动中，可以教育攀岩者尊重岩壁，避免破坏自然环境，使用环保攀岩装备等。同时，这些活动还可以教授参与者一些基本的环保知识和野外生存技能，如野外急救、野外防火等。此外，户外运动俱乐部或组织也可以定期举办环保主题的公益活动，如环保知识讲座、环保志愿服务等，吸引更多的人参与到环保行动中来。这些活动不仅可以提高参与者的环保意识，还能培养他们的环保责任感和使命感。"无痕中国"就是一项较为成功的环境教育方式。

（1）"无痕中国"起源

"无痕中国"主要是通过系列无痕环境课堂来推动公民对环境、水资源、大气、垃圾、生物多样性问题的关注和解决，推动政府可持续发展政策的制定和实施。起源于美国的"无痕山林"，"无痕山林"（LNT）是一种户外运动方式，是世界范围内推广较为广泛的环境教育形式，大意是倡导人类在野外进行活动的时候，不留下任何活动的痕迹，不破坏当地的自然生态环境和风貌。LNT起源于美国，20世纪70年代，随着美国户外运动的迅速发展，户外运动对自然和人文资源的破坏和冲击也逐渐显现，冲突的加剧引起美国环境和生态保护部门的重视。1982年，卡斯特国家森林的工作人员Tom Att携手其同事，共同启动了"无痕山林"户外活动方案，该方案随后在林业署系统内部逐渐得到推广。1987年，美国林业署、国家公园署及土地管理局携手合作，共同发布了《无痕山林土地理论》倡导手册，旨在弘扬保护自然的精神，并向广大游客发出尊重自然的呼声。

"无痕山林"引导我们在进行户外活动时保护自然并尽量降低对自然环境的冲击，主要有七个原则，包括：事前充分的规划与准备；在可承受地点行走宿营；适当处理垃圾维护环境；保持环境原有的风貌；降低用火对环境的冲击；尊重野生动植物；考虑其他的使用者。

（2）"无痕山林"在中国

随着我国山地户外运动的发展，一些户外运动爱好者破坏自然生态环境的事情也时常发生。多地管理部门开始与专业人士、民间团体合作，将"无痕山林"理念引入中国。2015年7月"无痕中国"济南无痕环境文化传播中心成立，2019年3月在杭州市民政局注册"无痕杭州"。无痕中国主要开展无痕环境指导员培训、公民十条生态文明工作坊、风土纪生态旅行设计等系列课程。目前在济南、杭州、深圳、青岛、唐山、长沙、鄂尔多斯、潍坊、绍兴等多个城市开展推动公众参与的环境保护及可持续发展行动，以及倡导在旅行和户外活动中降低对环境的影响。

（3）"无痕中国"与山地户外运动

"无痕中国"在我国传播以来，各地环境保护者积极行动。在山东省，众多志愿者定期开展环保行动，他们深入山林间，不辞辛劳地捡拾烟头、烟盒、矿泉水瓶等各类垃圾，以实际行动守护当地环境。与此同时，兰州大学绿队徒步营的大学生们曾从四川省广元市昭化古城出发，历经长途跋涉，最终抵达绵阳市梓潼县，他们穿越历史悠久的金牛古道，沿途积极推广"无痕山林"环保理念，倡导绿色生活方式。在整个行程中，该团队始终恪守环保原则，未带走任何一片树叶，原地休息时也确保不留下任何垃圾，充分展现了其高度的环保意识和责任感。深圳市大鹏新区山地户外运动协会开展的"手作步道志愿服务社会力量发展计划"，截至2023年6月已开展3期工作坊，参与者均为热爱自然、生活与运动的爱心市民，每期线下训练时间不少于48课时（8个培训日），参与志愿者超过140人次，累计志愿时长超过5 000小时，并肩负起持续复勘、观察、研究、完善负责路线的手作步道优化和维护工作。

通过"无痕中国"这样的环境教育平台，我国山地户外运动的环境教育得到了极大的推动。这些平台不仅为户外运动爱好者提供了一个学习和实践环保理念的机会，也促进了社会各界对环保问题的关注。通过平台的推广，越来越多的人开始意识到户外运动对环境的影响，并积极采取措施减少对环境的破坏。与此同时，许多企业如腾讯等也积极参与到这些环保平台的推广中，通过提供技术支持和资金支持等方式，帮助平台扩大影响力，吸引更多的参与者。这种企业与社会各界的合作模式，为环境教育注入了新的活力，也推动了我国生态保护事业的发展。

构建以国家公园为主体的自然保护地体系，并将生态资源科学转化为经济价值，不仅是自然保护地建设的核心任务，更是确保当地原住民生存权与发展权得以实现的关键所在，同时也是推动区域经济社会协调发展的重要环节。在山地户外运动的开展中，应广泛动员公众、俱乐部、企业和政府等多方力量，优化多主体协同运作机制，创新协作式管理模式，积极引导更多的社会组织，特别是当地原居民参与自然保护地的建设与管理。同时，政府应以国家公园建设为主体，完善国家公园的公共服务设施，提升公共服务功能，在户外运动的线路规划、区域划分等方面做好统筹，在救援、物资补充、垃圾处理等方面做好管理，并处理好户外运动参与者与当地社会文化的冲突，形成人地和谐共生的生态产业发展模式，达到生态保护与民生福祉双赢的目的。

在此过程中，实现人与自然和谐共生至关重要。通过组织开展符合当地人文自然资源特色的环境教育活动，引导户外运动参与者加入到生态保护的行列中，积极践行生态环境保护行为准则，自觉爱护自然保护地、守护自然保护地，并科学利用自然保护地，共同构建人与自然和谐共生的美好未来。

8

山地户外运动与生态环境协调发展路径

8.1 建立健全政策保障制度

环境保护是国家发展的重要战略，长期以来，我国始终秉持人与自然和谐共生的理念，将生态文明建设作为国家可持续发展的重要内容。

2019 年，中央提出了"逐步形成以国家公园为主体、自然保护区为基础、各类自然公园为补充的自然保护地分类系统"的国家战略[①]。党的十九届五中全会将"基本实现美丽中国建设目标、基本实现国家治理体系和治理能力现代化"作为到 2035 年基本实现社会主义现代化远景目标的重要内容[②]。2022 年，党的二十大报告强调提升生态系统多样性、稳定性和持续性，指出要推进以国家公园为主体的自然保护地体系建设[③]。自然保护地管理体制的建设是生态文明体制改革的核心环节，实施自然生态环境治理对于推动美丽中国建设具有积极意义。同时，构建以山地等自然环境为主导的自然保护地治理已经成为国家生态治理不可或缺的一部分。因此，完善我国山地自然资源的生态治理体系，对于推动生态文明建设具有重要的战略意义。

国家公园建设标志我国自然环境保护进入了以国家公园为核心的阶段，为强化自然生态治理提供了契机。国家公园建设从顶层设计着手推动整体变革，逐步实现生态环境法治化。党的十九大后，我国初

---

① 中共中央办公厅 国务院办公厅印发《关于建立以国家公园为主体的自然保护地体系的指导意见》[R/OL].[2019-06-26].http://www.xinhuanet.com/politics/2019-06/26/c_1124675392.htm.

② 中共中央关于制定国民经济和社会发展第十四个五年规划和二〇三五年远景目标的建议 [R/OL].[2020-11-03].http://www.gov.cn/zhengce/2020-11/03/content_5556991.htm.

③ 习近平. 高举中国特色社会主义伟大旗帜 为全面建设社会主义现代化国家而团结奋斗——在中国共产党第二十次全国代表大会上的报告 [R/OL].[2022-10-25].http://www.mofcom.gov.cn/article/zt_20thCPC/zypl/202211/20221103366954.shtml.

步建立了中国自然保护地政策法规体系，中央对自然生态进行了整体规划，为我国自然生态的可持续发展奠定了基础。2020年，我国颁布了《中华人民共和国生物安全法》，修订了《中华人民共和国野生动物保护法》；同时，建立自然保护的法律法规体系。2021年12月，颁布《中华人民共和国湿地保护法》。迄今为止，我国在森林、海洋、湿地等生态系统方面，均已完成系统的立法，标志着我国自然生态保护进入了法治化阶段。国家为了提升自然保护地的管理，规范了对各类自然保护区的监管，同时，加大了对环境破坏等违法行为的监控，旨在促进自然保护区的健康、稳定和可持续发展。

在国家公园试点的推进过程中，相关部门针对土地权属模糊的问题进行了深入研究，并采取了一系列切实可行的措施。通过赎买和土地置换等手段，成功地转变了公园区域内部分集体土地的所有权，为统一管理保护地提供了有力保障。同时，为了维护山区居民的合法权益，还采取了签订使用协议、政府租赁以及地役权改革等多种方式。这些举措不仅确保了土地的有效管理，也提升了山区居民的收益。此外，当地居民积极参与自然保护地的环境管理，以及当地的产业经营和区域发展，从而获得了一定的经济效益。随着经济的持续发展和人民生活水平的稳步提高，自然保护区的旅游业也呈现出蓬勃发展的态势，为社区带来了更多的增收机会。为了弥补社区居民为保护自然保护区所承担的经济成本，各地还积极探索了多种生态补偿方式。这些补偿措施的实施，不仅体现了对社区居民的关怀与支持，也进一步促进了自然保护区的可持续发展。

随着国家对自然保护区生态治理的加强，山地户外运动的可持续发展问题逐渐突出，在自然保护地法制治理的框架下户外运动的发展面临着新的挑战。

8.1.1 山地户外运动生态化治理面临的挑战

自然保护地建设以习近平生态文明思想为指导，遵循"绿水青山就是金山银山，保护环境就是保护生产力"的新经济发展观与"生态兴则文明兴、生态衰则文明衰""人与自然和谐共生"等生态观。从山地户外运动发展现状来看，我国山地户外运动治理面临资源开发与资源管理单位缺位、行动者冲突加剧、治理效能有待提升和治理系统有待理顺等挑战。

1）山地户外运动资源开发的问题

近几年，山地户外运动作为一种新兴的健身方式越来越流行。这使得山地户外运动的市场规模不断扩大，成了一个具有广阔前景的新兴产业。目前在山地户外运动资源的开发与管理方面，存在一些明显的缺陷。由于历史原因和管理体制的不完善，许多优质的户外运动资源被分散在不同的管理部门和单位手中，缺乏统一规划和协调。这导致了资源开发的碎片化，无法形成有效的产业链和规模效应。同时，由于管理单位之间缺乏沟通和合作，也容易出现资源浪费和重复建设的情况。

山地户外运动资源开发存在监管问题。随着山地户外运动市场的快速扩张，一些地区出现了无序开发、过度开发的现象。由于缺乏有效的监管机制，一些开发者在追求经济利益的过程中，忽视了对自然环境的保护，导致生态环境受到破坏。这不仅影响了山地户外运动的可持续发展，也威胁到了当地生态系统的稳定。在一些地区，山地户外运动资源的权属关系复杂，存在权属不清、争议不断的情况。这不仅影响了资源的有效利用，也增加了治理的难度。同时，由于权属问题的存在，一些开发者难以获得合法的土地使用权，导致开发行为存在法律风险。

山地户外运动资源开发的可持续性问题。在山地户外运动资源的开发过程中，如何保证开发的可持续性是一个亟待解决的问题。一些开发者在追求短期经济利益的过程中，忽视了资源的长期保护，导致资源过度消耗、生态环境恶化。这不仅影响了山地户外运动的长期发展，也威胁到了当地生态系统的健康。在开发部门上，部分户外运动开发由景区管理部门执行，为了吸引游客，扩大影响力，破坏景区生态环境，建设户外营地，组织大规模赛事，这些行为虽然在短期内可能带来一定的经济效益和知名度提升，但长期来看，却可能对景区的生态环境造成不可逆的损害。大规模的户外营地建设和赛事组织，会对景区的自然景观造成破坏。土地被硬化，植被被砍伐，这些都会影响到景区的生态平衡。同时，大量涌入的人流也会给景区的环境带来压力，垃圾处理、污水处理等问题都会变得尤为突出。过度的商业化开发可能会改变景区的本质。户外运动原本应该是人们亲近自然、享受自然的一种方式，但如果被过度商业化，就可能会失去其本质意义。大量的商业设施和广告牌会破坏景区的自然美感，让游客感到压抑和不适。

此外，户外运动资源的开发和管理往往受到资金和技术等方面的限制。许多地方由于缺乏足够的资金投入和技术支持，无法对户外运动资源进行科学、合理的开发和管理。这不仅影响了户外运动资源的利用效率和可持续发展，也限制了山地户外运动产业的健康发展。

2）山地户外运动行动者冲突加剧

这里的行动者不只是山地运动的参与者，还包括涉及山地户外运动开展部门、管理者和原住民等，各个部门、管理者、参与者之间的。冲突主要体现在不同部门间政策之间的矛盾、自然资源所有者与使用者同管理部门或机构之间的矛盾，以及承担当地自然保护区建设的山区与享受生态和经济效益的投资者间的矛盾。具体来说，中国的自然保护区生态治理面临自然保护政策与区域经济发展政策的矛盾，自然保护区与周边山区土地权模糊以及生态补偿机制在调节各方利益矛盾方面存在困难等问题。

1）自然保护政策与户外运动产业发展政策的冲突

2020年年底，我国基本完成了乡村脱贫攻坚的目标。为了维护和保持脱贫攻坚取得的成果，党中央继续实施乡村振兴战略。但是我国大部分的自然保护区主要集中在山区，因此，这些区域的经济和社会发展必然会受到自然生态保护政策影响。另外，山区经济的发展必须以良好的基础设施作为支撑。因此，国家加强了农村的基础设施建设，以促进乡村旅游、农业等产业的可持续发展。但是，自然保护地内基础设施建设受到限制，生活性基础设施、生产性基础设施、人文基础设施和流通性基础设施落后，影响着周边农户民生福祉，社区发展严重受限[①]。例如，在自然保护地区域内，道路宽度限制、新建道路要严格审批等。因此，平衡自然保护地的政策与区域经济发展政策之间的关系十分重要。

2）政府必须承担生态保护与经济发展两重责任

生态保护政策与区域经济发展政策之间存在冲突，反映了自然保护地管理者、产业开发者之间的分歧，特别是当地环境管理部门与经济发展部门之间的矛盾。由于区域间的资源和基础不同，使得不同区域经济发展的不均衡，而人们对自然环境的美好追求与山区经济发展的需求的矛盾也越来越突出。因此，自然保护区生态保护政策的"底线"与发展山区产业经济发展的迫切需求之间形成了矛盾。在坚持山区生物生态保护的重要地位的同时，如何使自然保护区内当地居民区顺利推进户外运动产业的发展，妥善平衡生态保护与区域体育旅游发

---

① 雷会霞，敬博，朱依平. 自然保护地体系下的秦巴山脉区域乡村振兴发展战略与模式研究［J］. 中国工程科学，2020.1：96-110.

展战略的关系，成为当前亟待解决的问题。

3）自然保护区与附近居住地的土地所有权的不明确性

山地户外运动资源的开发离不开对山区土地资源的开发，因此，土地资源的所有权有着关键作用。明确山地自然区域的土地权属关系对于提升自然保护地的生态治理和资源开发十分重要。土地所有权的归属模糊逐渐成为阻碍山区生态公益性保护的重要问题，导致了山地自然保护区的生态管理问题和生态补偿制度的冲突。在实际操作中，当地自然保护区的管理部门为寻求解决方案，与周边居民区签订了土地流转合同。尽管签订自然保护区合同的目的在于更好地保护当地生态环境和野生动物栖息地，且山区的整体建设规划也严格按照《自然保护区条例》进行。但在实际执行中，少数管理部门为了追求当地的经济发展，对自然保护区的土地进行大量的经营性开发并开展商业性经营活动，包括修建道路、建造度假村等。这些过度开发自然保护区内土地资源的商业行为，直接影响了自然保护地的生态保护成果。

因此，必须重新审视并明确自然保护地土地所有权和使用权的界定，强化管理规范，确保土地资源的合理利用和保护，以实现自然保护地生态公益性的最大化。

4）户外运动开发生态补偿机制的不健全

经过多年的实践积累，我国在生态补偿领域已经积累许多宝贵的经验。以贵州赤水河流域水源保护地为例，当地政府已经初步建立了流域上下游联动、联防联控、政企合作的长效机制，为生态补偿提供了有力的制度保障。同时，我国不断完善国家公园体制试点区的生态补偿机制，逐步形成了科学、规范的生态补偿技术标准体系，为生态补偿工作的深入开展提供了有力的技术支撑。这些实践成果充分表明，我国在生态补偿领域已经具备了较为成熟的理论和实践经验，为推动生态文明建设、实现可持续发展奠定了坚实的基础。

但是，对于自然保护区内的户外运动资源开发和大型赛事活动的生态补偿机制尚不健全。大型赛事活动往往伴随着大量人流和物流，对自然环境的破坏风险也随之增加，导致生态保护与经济发展之间的矛盾进一步加剧。

自然保护区生态补偿机制在协调自然保护地与社区及利益相关主体关系方面尚显薄弱。造成这一状况的主要原因是相关制度尚不完善，现有的补偿规定在科学性方面存在不足，无法为生态补偿实践提供有效的指导。同时，由于生态效应外部性的量化和责任主体的确立具有一定的难度，导致在生态补偿政策执行过程中，政府部门和经济主体在补偿成本和责任分担上缺乏清晰的认识。在法律层面，当前涉及自然保护地的法律法规中，缺乏对生态补偿的明确规定，这导致在实践工作中缺乏明确的法理依据。为解决这一问题，我们需要进一步完善相关法律法规，建立健全自然保护区经济活动生态补偿机制。具体而言，应明确责任主体、拓宽补偿渠道、提高补偿额度，从而在加强自然资源保护的同时保障周边社区农户的权益。这将有助于实现自然保护地与社区及利益相关主体之间的和谐共生，促进生态环境的可持续发展。

8.1.2 自然保护地山地户外运动治理优化路径

1）构建多元主体参与的协同机制

构建由政府、社区、户外运动赛事或基地建设企业、公益化组织及个人等多元化参与者共同协作的体系。这一协同治理机制为参与户外运动产业开发和施行生态保护政策的主体提供了坚实的制度保障，有助于提升自然保护地生态保护的效能，实现生态保护和可持续发展的目标。

第一，构建山地保护地-居民区-营地共治模式。自然保护地的建设与发展，需要原居民区及户外基地的协同配合。一方面，当地环境管理部门、村委员会以及运动小镇或营地应联合成立共治委员会，旨在协商并处理生态保护与户外产业发展之间的问题。另一方面，实行利益共享机制。委员会应积极开展对当地居民的环保培训，使当地居民掌握相关技能，并提供自然保护区的生态服务和管理岗位。地方政府还应扶持自然保护地发展特色户外运动产业，并鼓励居民参与特许经营项目建设，使周边社区真正成为自然保护地的守护者与受益者。

第二，探索公众参与机制。首先，应完善当地的环境科普教育机制，利用多种渠道宣传自然保护地环境保护的成果。其次，建立志愿者服务机制，定期组织志愿者进行生态环境科普宣教活动，提升公众的环保意识和对当地自然保护区的认识，从而充分发挥自然保护的公益属性。

2）完善山地户外运动监测预警和评估机制

首先，建立户外运动的自然保护区域数字化监测生态预警平台机制，完善自然资源保护与环境监测预警体系。通过运用数字技术，构建一个全面的生态保护监测网络，实时监测大型户外赛事的人员流动情况和当地的环境承载水平，评估当地土地资源利用的科学性和环境状况的稳定性。这些数据将为我们提供即时的环境预警信号，使当地环境管理部门能够对政府、当地居民区或公众的自然资源利用情况进行数字化管理，为自然保护地生态管理系统的运行提供政策依据。

其次，健全山地户外运动的生态影响评估制度。一是建立自然活动区和自然保护区的生态效果评估制度，对户外运动开展目的地的生态效果定期评估。二是完善户外运动开展地周边地区的区域经济发展评估机制。当地相关部门应探索周边居民区管理成效评估指标体系及国家行业标准，形成自然保护地管理部门与地方政府联合评估机制。通过评估，我们可以针对薄弱环节进行重点改善，有效缓解保护与发展的矛盾。

3）健全法律体系、组织体系和运行保障制度

为进一步提升自然保护地户外运动的治理效能，需从法律体系、组织体系和运行保障制度三个维度进行深化和完善。首先，在法律体系方面，我国亟须构建一套综合立法体系。这包括出台《自然保护地法》作为统领性法规，形成自然保护地的基础法治框架，同时推动《国家公园法》的立法进程。涉及森林、草原、沙漠等山地自然资源的保护，确保在进行山地户外运动时符合自然保护地、生态保护红线的相关法律法规和管控要求。另外，推动山地户外运动和山地户外产业的标准体系建设，包括制定服务规范，以及健全安全、秩序和质量保障体系。构建山地户外运动的空间格局，建设公共营地、登山道、徒步道、骑行道等场地及相关服务设施，同时确保这些设施的建设与生态环境的保护相协调。其次，在组织体系方面，应着力解决管理重叠问题，优化中央相关部门的保护职责与机构职能，确立党中央、国务院的统一领导地位，强化地方政府行政主管部门在保护地管理中的牵头作用。各级政府需对省级及以下级别的自然保护地管理机构进行效能评估，对不符合标准的机构进行及时调整或撤销。同时，推动建立多部门联席会议制度，加强部门间的沟通与协作，提升综合治理水平。最后，在运行保障制度方面，应完善人才引进和资金保障机制。自然保护地主管部门应加强与科研院所、高校等机构的合作，引进专业技术和管理人才，提升队伍素质。同时，改善人才待遇，为自然保护地建设提供稳定的人才支持。在资金保障方面，应构建多元化的融资机制，包括加大中央财政投入、鼓励社会捐赠等，确保自然保护地建设获得充足的资金支持。

4）针对性建立生态补偿机制

山地户外运动有其特殊性，需要针对山地户外运动对自然环境造成的潜在影响，建立生态补偿机制。这一机制需结合山地户外运动的特点，明确补偿对象、补偿方式、补偿标准和补偿程序。在开展山地户外运动时，需要考虑到对当地生物多样性的影响。任何活动都应避免破坏野生动植物的栖息地，同时保护和维护生态系统的完整性。为了减少对环境的负面影响，山地户外运动场地的建设应当遵循科学规划和布局，建立立体、多元的场地设施体系，包括公共营地、登山道、徒步道和骑行道等，以及相关的服务设施。因此，要推进山地户外运动和山地户外产业的标准体系建设，制定服务规范，以确保活动的安全、秩序和质量。这涉及设施建设、服务提供、技能培训、人员资质、活动管理等多个方面。

补偿对象应包括因山地户外运动而受到生态环境影响的当地居民、社区以及自然保护地管理机构。补偿方式可采用资金补偿、技术补偿、政策补偿等多种形式，确保补偿措施与受损方的实际需求相匹配。在补偿标准方面，应根据山地户外运动对生态环境影响的程度、范围以及恢复成本等因素，制定合理的补偿标准。

为确保生态补偿机制的有效实施，应建立严格的补偿程序和监督机制，确保补偿资金的专款专用和补偿效果的可持续性。同时，应加强对山地户外运动生态补偿机制的宣传和教育，提高公众对生态环境保护和生态补偿机制的认识。通过政府、社区、户外运动组织等多方合作，共同推动生态补偿机制的落实和完善，实现山地户外运动与生态环境保护的和谐发展。这将有助于促进山地户外运动的可持续发展，同时保护珍贵的自然资源和生态环境，实现人与自然的和谐共生。

由于我国社会经济发展水平存在区域差异、自然保护地治理各相关方之间的利益冲突以及制度框架的不完善等问题，我国在自然保护地治理过程中遭遇了一系列挑战。这些问题对山地户外运动的可持续发展构成了一定障碍。为了有效应对这些挑战，需要采取以下措施：通过政策层面的协调，明确产权制度，并完善户外运动发展补偿制度，以化解行动者之间的冲突；构建多元主体参与的协同机制，优化行动者的协作流程；加强山地户外运动资源环境监测预警和治理效果评估机制；健全法律体系、组织体系和运行保障制度，以实现户外运动开展地的治理体系优化。这些措施将有助于推动自然保护地与体育产业协调治理的进步，并为山地户外运动的可持续发展提供更有力的支持。

8.2　山地户外运动产业绿色发展的机制与路径

党的十八大以来，在习近平新时代中国特色社会主义思想指引下，我国坚持"绿水青山就是金山银山"的理念，坚定不移走生态优先、绿色发展之路，促进经济社会发展全面绿色转型，建设人与自然和谐共生的现代化。绿色发展理念是对马克思主义生态观的继承和发展，强调了人与自然环境关系的协调，不是问题导向式的末端处理，也不是对产业链上某个环节的调整，而是从生产到消费全过程的控制，迫切要求改变传统粗放式的生产和生活方式①。绿色发展理念体现了我们党对经济社会发展规律认识的深化，对于建设美丽中国、全面建设社会主义现代化国家具有重大的理论意义和现实意义。

我国体育产业在追求高质量发展的道路上，必须坚持以绿色发展为核心原则。这意味着，在推动体育产业增长的同时，我们必须始终

---

① 黄茂兴，叶琪. 马克思主义绿色发展观与当代中国的绿色发展——兼评环境与发展不相容论 [J]. 经济研究，2017（6）：17-30.

关注并加强体育产品从生产到消费整个流程的管理。绿色发展不仅仅是解决体育发展的开源与节流问题，更要推动体育发展方式的全面转型与升级。目前我国体育在体育场馆、竞技体育和群众体育等领域，高投入低产出的粗放式发展仍然普遍存在，职业体育、体育产业等领域的体制机制束缚依然难以破除，不少新的结构性潜能看得见、抓不住，体育供给侧结构性改革任重道远。体育绿色发展，就是要在新时期革新体育发展理念，引入新技术、新模式、新机制、新路径，转变体育发展方式，推动体育高质量发展，实现体育可持续化发展。为实现这一目标，我们必须不断优化产业结构，推动生产方式向更加绿色、高效的方向转变，提高体育场馆的绿色建设标准。同时，我们还应积极利用技术创新和补偿措施，有效降低体育产业各领域的能源消耗、物质消耗和碳排放，从而为我国体育产业的可持续发展奠定坚实基础。

8.2.1　山地户外运动产业绿色发展面临的问题

《户外运动产业发展规划（2022—2025 年）》中提出"坚持生态优先。深入贯彻'两山'理念，增强生态环境保护与生态价值转化意识，在保护生态环境的基础上引导户外运动项目绿色开发，推动户外运动产业可持续发展"，为山地户外运动的发展指明了方向。

1）户外运动用品制造业发展方式粗放

户外运动用品行业在体育商品供应和就业保障方面发挥着举足轻重的作用。2021 年中国户外用品行业零售总额为 253.6 亿元，行业进入需求分化带动结构分化的新阶段。过去我国户外运动用品的生产主要依赖进口，近年来随着国内品牌的崛起，国内相关用品制造企业也逐渐占有一定市场比例，但受限于我国第二产业的整体发展状况，主要还是生产初级产品，满足社会的基本需求。尽管如此，体育产业在政策支持下持续利好，产业规模也在迅速扩大。2002—2011年我国户外用品行业增长迅速，2011年行业零售总额为107.6亿元，2002—2011年复合年均增长率高达47.8%。2012年起，我国户外行业增速放缓，2012—2021年零售总额复合年均增长率为6.4%，增长趋势平稳，2022年零售总额约为256.7亿元，同比增长1.2%。尽管近两年市场规模不断扩大，但体育用品制造业的发展方式依然较为粗放，主要原因是我国体育用品制造业在节能减排和转型升级方面的投入相对较少，改进步伐缓慢，取得的效果也不尽如人意。

另一方面，随着我国体育消费方式的转变，体育商品流通在仓储、包装等方面的需求也越来越大。2019年我国体育产业统计数据表明，体育用品及相关产品销售、出租与贸易代理为代表的生产性体育服务业占据了体育服务业总产出的约80%。这表明体育用品制造业在产出过程中与仓储、物流等高碳排放行业越来越紧密，必将造成大量生产资料和能源的消耗，因此，体育用品制造的过程中实际上增加了碳排放，户外用品和服装制造的绿色化转型将涉及多个产业间的联动。《中华人民共和国国民经济和社会发展第十四个五年规划和2035年远景目标纲要》中明确提出了推进快递包装、中长途货物运输、城市物流配送等领域的绿色发展目标。因此，物流与运输行业的绿色转型对体育制造业的绿色转型产生了联动作用。此外尽管体育传媒与信息服务、体育管理等生产性体育服务业具有较强的绿色产业属性，但其产业规模和经济辐射能力相对有限。因此，在推动户外运动产业绿色发展的过程中，应重点关注生产性体育服务业的碳排放问题，并采取有效措施促进其向绿色、低碳方向发展。

2）户外运动服务业产业化程度不高

生活性服务业的发展，是城乡居民消费结构升级和改善民生福祉、更好地满足人民日益增长的美好生活需要的有效支撑，同时也是发挥消费对经济增长的基础作用、夯实国民经济高速增长的根基①。户外运动服务业囊括了户外休闲服务、户外运动竞赛、户外运动小镇或营地服务、户外运动技能培训和体育旅游服务等多个子业态，辐射群众的运动休闲、营地保障、运动竞赛等各个重要环节。从生活性体育服务业的发展来看，2019 年总产出 8 463.6 亿元，占体育产业总产出的 28.71%，也就意味着生活性体育服务业的产业化程度不高，户外运动服务业占比更低。此外，户外运动服务业在满足人民需求、产生经济效益的同时，也面临着绿色低碳发展的压力。例如，室内滑雪场人工造雪、降温都需要消耗大量能源，会产生大量的温室气体。户外运动产业化程度不高造成产业的绿色化转型在技术和资金上都面临着一定困难。

8.2.2　山地户外运动产业绿色发展机制

对于产业发展而言，发展机制主要是指在产业发展过程中内外部各种力量相互作用、相互影响以持续推动目标实现而形成的一个动力系统②。户外运动产业绿色发展机制的形成涉及多方面，其中动力要素包括可持续发展理念的约束力、户外运动产业高质量发展的拉动力、数实融合发展的推动力以及企业竞争力自我提升的驱动力。这些动力要素之间通过相互关联和相互作用，共同推动户外运动产业的绿色发展，为户外运动产业的可持续发展提供了坚实的支撑。

1）可持续发展理念的约束力

约束力是指法律对个体或组织的强制限制。随着时间的推移，这一概念逐渐扩展并深入到社会科学研究的各个领域。在社会科学中，

① 杨桦，王孟，任波，等. 体育产业绿色发展的动力机制与推进策略［J］. 体育文化导刊，2022（03）：78-83+97.
② 蔡建辉，李增光，沈克印. 体育用品制造业高质量发展的动力机制与推进路径［J］. 武汉体育学院学报，2020，54（20）：53-60.

约束力被理解为一种机制、制度、程序或理念，它作用于特定的主体，对其进行限制或规范，从而确保社会秩序和公正。绿色发展理念深化了马克思主义生态观关于人与自然关系的观点，深化了对新阶段我国经济社会发展规律的认识。《中华人民共和国国民经济和社会发展第十四个五年规划和2035年远景目标纲要》明确提出要推动绿色发展，要促进经济社会发展全面绿色转型以建设人与自然和谐共生的现代化。因此，绿色发展作为可持续发展的重要内容，对所有国民经济产业都具有约束力，体育产业也必然要守住底线。2020年，山地户外运动产业总规模达到4 000亿元，成为推动经济社会持续发展的重要力量。《促进户外运动设施建设与服务提升行动方案（2023—2025年）》明确提出到2025年推动户外运动产业总规模达到3万亿元，占到我国体育产业总规模的80%。户外运动产业将保持高速增长与发展，因此，户外运动产业必须牢牢贯彻产业发展与生态环境协调发展的总要求，既实现户外运动产业的快速增长，也必须守住可持续发展的底线。

2）户外运动产业高质量发展的拉动力

党的十九大报告明确了我国经济发展的新方向，即由高速增长转向高质量发展。这一转变意味着，我们的经济发展将不再单纯追求速度，而是更加注重质量与生态的协调。在产业经济领域，高质量发展意味着我们要不断提升技术水平、增强创新能力，推动生产服务升级，以提升产业竞争力。这些努力将有力推动产业的绿色发展，实现经济效益与生态效益的双赢。

作为经济社会发展的总要求，高质量发展对户外运动产业同样具有重要意义。它将促使户外运动产业不断提高水平，推动户外运动用品制造业通过技术创新和产品升级，构建绿色、高效的产业链、供应链和价值链。这将有助于提高清洁生产水平，提升户外运动产品的绿色标准，推动国产制造品牌以绿色产品为突破口，增强在国内外市场的竞争力。

同时，户外运动产业的高质量发展还要求户外运动生产性服务业和生活性服务业提供更为有效、优质的服务，以推动产业化和产业贡献度的提升。这将有助于提升服务业效率，推动户外运动产业持续健康发展，为经济社会发展做出更大贡献。

3）数实融合发展的推动力

数字经济与实体经济融合发展是山地户外运动产业发展强大的推动力。相较于传统经济活动，数字经济以数字技术为基石，展现出快速响应市场、低成本扩张、资源高效利用及环境友好等显著优势。其创新性强、绿色可持续、资源共享等特质，与新发展理念高度契合，为提升经济产出效率、推动经济社会的长期稳定发展提供了有力支撑。数字技术与山地户外产业的深度融合，借助先进数字技术的广泛应用，能够有效推动山地运动产业结构的高端化转型、运作流程的精细化、供需关系的精准化匹配以及业务领域的多元化融合。通过提升山地运动产业资源的利用效率，我们能够有效地控制与调节户外产业规模在快速增长过程中所产生的碳排放总量，实现产业的可持续发展。此外，随着物联网、人工智能等数字技术的不断发展，体育用品制造业正在逐步实现产品制造与产业链前端的研发设计、原材料采购、仓储运输以及产业链后端的品牌建设和渠道营销服务的深度融合，推动传统体育制造业向服务型制造业转型升级。这一转变不仅提高了产业的附加值和市场竞争力，也为消费者提供了更加优质、个性化的产品和服务。

4）企业绿色化转型的驱动力

驱动力是物理学概念，被沿用到经济社会各领域，包括经济驱动力、自然驱动力和政策驱动力等，其中经济驱动力是企业等市场主体

响应社会发展的主要驱动力①。绿色低碳转型升级和可持续发展成为
户外运动用品制造企业和高质量发展的必由之路，体育企业为了提高
经济竞争力而主动推动绿色化发展。第一，增强户外用品定价权。致
力于绿色发展的户外用品企业应通过研发、设计和生产符合标准的绿
色户外体育用品，以持续满足户外市场对生态产品的需求，进而巩固
并扩大其产品在户外市场中的定价权。纺织印染业作为能耗较高、排
放较多的传统行业，在户外运动用品制造业中占有较大比重。若体育
用品制造企业能够采用环保原材料，实现绿色生产，其产品将实现生
态标准的显著提升，从而进一步巩固和增强其产品的定价权。第二，
通过加大对环保原材料的研发力度，我们不仅可以降低对传统低生态
标准原材料的依赖，还可以逐步减少新材料的成本。这将有助于提升
企业的经济效益，并推动我们进入绿色研发、绿色生产的良性循环。
体育企业逐渐收获绿色产品带来的更高经济附加值，将进一步激发企
业的绿色投入，从而形成更高水平的可持续和环保的生产模式。第
三，为强化技术竞争优势，体育企业正积极采纳绿色发展策略②。首
先，实施绿色战略的体育企业，逐步将业务重心转移至环保型的产品
设计和研发环节，通过加大在信息和技术资本上的投资，提升产品在
市场上的竞争力和塑造卓越的品牌形象。其次，充实的技术储备不仅
能显著增强企业产品的竞争力，更可提升企业对顶尖人才的吸引力。
随着更多高水平人才的加入，企业的研发实力将进一步增强，从而为
企业竞争力的提升提供坚实支撑。此外，致力于绿色发展的体育企
业，正通过持续的研发投资，积极获取产品研发与生产的专利技术，
以不断提升企业的科技创新能力。这一绿色发展策略将促使体育企业

———————

① 欧名豪. 扬州土地利用变化的驱动力机制研究 [J]. 中国人口·资源与环境，2007 (1)：102-108.
② 王孟，任波，刘东锋. 体育产业绿色发展的动力机制与推进策略 [J]. 体育文化导刊，2022，(03)：78-83；97.

成为知识产权丰富、经济价值高、科技含量深厚的领先企业，同时实现对资源的高效利用和对环境污染的有效控制。这将为企业在国内外市场的竞争中提供新的竞争力，确保企业在未来能够持续、稳定地发展壮大。

8.2.3　户外运动产业绿色发展的路径

1）促进户外运动用品制造业绿色化

体育运动在密集的供应链网络中占据重要地位，这使得量化体育运动的碳排放的具体情况变得相当复杂。根据联合国所公布的数据，体育与服装及鞋类制造业之间存在着紧密的关联，该行业所排放的温室气体占全球总量的8%至10%，同时产生的废水也占据了全球废水总量的20%。随着现代社会的发展，人们对体育用品的需求不断增长，导致体育用品制造业规模持续扩大，进而产生了更多的碳排放，这与我们所追求的可持续发展目标显然是不符的。

户外运动本身是一项绿色运动，因此，户外用品制造业在节能减碳方面也扮演着主要的角色，是户外运动产业绿色低碳经济体系的重要一环。该行业不仅能够为新能源发展贡献创新和提供应用场景，同时也为节能减碳和污染治理提供必要的技术设备支持。此外，户外用品制造业还能为广大消费者提供绿色低碳产品，实现高品质生活。

户外运动用品制造业的上游主要是原材料供应，包括橡胶、塑料、皮革等；中游则是体育用品的生产制造，如户外服饰、器材、运动护具等。这些用品的制造有广泛的产业链联动效应，因此，户外运动用品制造业在生产过程中，必然伴随着大量的自然资源、能源以及工业用水的消耗，并会产生相当数量的固体废弃物和温室气体排放。在现实情况中，由于供需关系的错配，大量的初级户外用品常常面临被闲置或低价处理的困境，这不仅导致了资源的极大浪费，同时也制约了户外运动用品制造业的资源生产率和碳生产率的提升。为此，推动体育用品制造业的绿色化转型成为迫切需求。这要求体育产业制造部门转变传统的发展方式，积极实施绿色生产和清洁生产战略。在体育产业的绿色生产过程中，制造生产部门需要不断优化设计理念、技术流程和能源使用，以降低生产过程中的能源消耗和减少对自然资源及中间投入品的依赖，从而达到降低碳排放和污染物排放的目标。这样的转型不仅是对环境保护的积极贡献，也是提高体育产业可持续发展能力和竞争力的关键所在。

2）重大户外赛事的低碳化

绿色运动联盟执行董事 Roger McClendon 认为，要想实现零碳体育场的愿景，首先要从场馆的设计开始，从建筑材料，到建成后运营所需的能源，再到场馆的交通、水处理、垃圾处理都应该提前规划好。可以肯定的是，在未来，体育场馆用清洁能源代替目前的化石燃料将成为趋势。目前，滑雪场建设正逐渐成为冬季旅游和体育运动的热门项目。随着人们生活水平的提高和对健康生活方式的追求，越来越多的人选择冬季到滑雪场体验冰雪运动的乐趣。为了满足这一市场需求，各地纷纷投资建设滑雪场。滑雪场建设需要注重可持续发展。在保护自然环境的前提下，合理利用资源，实现经济效益、社会效益和环境效益的共赢。例如，可以通过使用可再生能源、推广环保理念、开展生态修复等措施，减少滑雪场对环境的负面影响，促进滑雪产业的可持续发展。

除此之外，交通运输所产生的污染问题亦成为当前户外运动赛事所面临的一大挑战。特别是在大型体育盛事举办之际，如山地马拉松赛、国际漂流大赛、山地自行车赛、山地越野赛等，大量运动员、观众、记者及配套设施汇聚于举办地，这一运输过程将对环境产生不容忽视的负面影响。从中长期来看，公共交通基础设施的升级改造与电动汽车的广泛采用，有望在一定程度上缓解这一环境压力。例如，在活动期间，提供公共交通信息和优惠政策，鼓励参与者在活动结束后继续使用公共交通工具。

在办赛中实现户外体育赛事与生态环保的共赢。首先，应严格赛事的审批，相关部门应根据申报户外赛事的实际情况，对办赛对生态环境影响进行评估，并加强赛事的生态环境监测和管理，持续优化户外体育赛事举办的法治环境，以强化赛事期间生态环保的监管力度。在赛事审批环节，必须以生态环保为核心原则，并规定承办山地户外运动赛事的单位须要向有关部门提交环保的方案及生态补偿方案，同时向社会公开。此外，完善惩罚机制，以确保在户外运动比赛中造成环境污染和生态损害的行为主体，得到监管与处罚，并限制其今后的户外运动赛事举办权，对于严重破坏生态环境的行为，要依法刑事追责。

其次，要确立绿色办赛的理念。承办户外运动赛事的单位和当地人民政府应当充分利用举办体育赛事的契机，紧密结合当地生态环保成果，积极开展生态文明宣传教育活动。提升参赛者、外来观众以及当地居民的生态环保意识，引导并激励他们支持和参与绿色赛事活动。要将生态环保理念融入体育赛事的各个方面，突出环境特色，科学合理地设置比赛项目，合理规划并改造体育设施，精心选择比赛路线。以野外马拉松比赛为例，在选定比赛路线和建设相关配套设施时，必须避开生态敏感区域，严禁对当地生态环境造成任何破坏。此外，我们还应倡导节俭办赛，充分利用现有体育设施，节约资源，循环使用各类物品，减少污染物排放，切实保护当地生态环境。

最后，关于生态环保监管方面，依照国家现行的法律法规，承办单位有义务对体育赛事进行详尽的环境影响评估。此评估旨在精确掌握户外运动赛事对生态环境的实际影响，进而提出切实可行的预防和应对措施，严防环境污染与生态破坏。生态环境部门及其他相关机构需严格执行其职责，确保在赛事期间加大环境监管力度。同时，应加强环境质量的监测工作，深入探究生态环境的变化趋势，并采取相应措施减少各类污染物的排放，以保障生态环境质量符合举办体育赛事的相关标准。

8.3　基于EOD模式的山地户外运动可持续发展路径

EOD（Ecology-Oriented Development）即"生态导向"，最早由美国学者霍纳蔡夫斯基提出，是将区域生态价值、经济服务与土地开发利用政策相结合，实现区域生态和经济的均衡发展。2018年我国印发了《关于生态环境领域进一步深化"放管服"改革，推动经济高质量发展的指导意见》（环规财〔2018〕86号）文件，文件首次提出在城市中探索"生态导向"模式。

党的十九大报告明确提出了实施乡村振兴的战略任务。党的二十大报告进一步强调了美丽乡村建设的重要性。建设"农业强、农村美、农民富"的现代化乡村，是建设社会主义现代化强国不可或缺的重要基石。为了深入推进乡村振兴工作，中共中央、国务院在《关于做好2023年全面推进乡村振兴重点工作的意见》中明确指出，要建立健全政府投资与金融、社会投入的有效联动机制，积极鼓励将符合条件的项目打包交由市场主体来实施，以此引导更多的金融和社会资本按市场化原则投入到农业农村领域。EOD模式与党中央的乡村振兴战略部署高度契合，在乡村振兴工作中推广EOD模式，能够取得事半功倍的效果。

8.3.1　EOD模式的内涵

根据《关于推荐生态环境导向的开发模式试点项目的通知》（环办科财函〔2020〕489号）文件精神，EOD模式是一种创新的项目组织实施方式，它以生态保护和环境治理为基石，以特色产业运营为支撑，以区域综合开发为载体。通过产业链延伸、联合经营、组合开发等手段，推动生态环境治理项目与关联产业的有效融合、协同推进和一体化实施。这些项目通常具有公益性强、收益性差的特点，但通过EOD模式，我们能够将这些项目的经济价值内部化，实现生态环境的经济价值和社会价值的双重提升[①]。

1）生态环境治理与关联产业的深度融合

生态环境治理与关联产业的深度融合不仅提升了自然资源的利用效率，更在创新经济发展模式、促进可持续发展方面起到了重要作用。空间上的临近或上下游产业链关系的形成，使得环境治理与产业发展相互依存、相互促进，共同构成了一个协调发展的生态系统。在这种模式下，环境治理不再是单纯的投入和成本，而是转化为推动产业转型升级的重要动力。例如，通过实施严格的环保标准，推动高污染、高能耗产业向更加绿色、高效的方向发展。同时，环境治理本身也催生了一批新兴环保产业，如生态修复、资源循环利用等，这些产业不仅具有广阔的市场前景，还能为传统产业提供技术支持和解决方案。

空间布局上的统筹规划则是实现环境治理与产业融合发展的关键。通过优化产业布局，引导相关产业在空间上形成集聚效应，不仅可以提高资源利用效率，还能降低环境治理成本。同时，通过构建上

---

① 卢静. EOD模式核心要义与项目方案设计要点解析［J］. 中国环保产业，2023（10）：17-19.

下游产业链关系，实现产业间的协同发展和资源共享，进一步增强了整个生态系统的稳定性和竞争力。

作为整体项目统筹实施的一部分，生态环境治理与关联产业的深度融合还需要在政策、资金、技术等方面得到全面支持。政府应出台相关政策，鼓励企业加大环保投入，推动产业绿色转型。同时，还应加强资金扶持和技术创新，为环境治理和产业发展提供有力保障。

总之，生态环境治理与关联产业的深度融合是一种创新的发展模式，具有广阔的应用前景。通过优化产业布局、构建上下游产业链关系、加强政策支持和资金扶持等措施，我们可以推动环境治理与产业发展的良性互动，实现经济、社会和环境的协调发展。

2）增值反哺

经过生态环境治理后，产业开发价值将得到显著提升。随着产业的发展和增长，这些增量收益将反过来支持生态环境治理的投入，实现项目资金的自平衡。这种良性循环不仅有助于持续改善生态环境，还能为产业发展提供有力支撑，实现经济效益和生态效益的双赢。

生态环境治理与产业发展的和谐共生，是一种可持续的发展模式，它在保护自然生态的同时，也为产业开发提供了更多的机会。在生态环境治理的过程中，通过采用科学的方法和技术手段，对受损的生态环境进行修复和保护，能够逐步恢复生态系统的平衡，提高土地资源的利用效率。同时，生态环境治理也为产业开发提供了更好的基础条件，为产业发展创造了更加优质的投资环境。

随着生态环境的改善，产业开发的潜力也将得到进一步释放。产业的发展不仅能够带动当地经济的增长，提高人民的生活水平，还能够为生态环境治理提供更多的资金支持。这种产业发展的增量反哺生态环境治理投入的模式，能够有效地实现项目资金的自平衡，保证了生态环境治理的可持续性和长期效益。当然，要实现生态环境治理与产业开发的和谐共生，还需要政府、企业和社会各界的共同努力。政府需要出台相关政策和法规，加强对生态环境治理和产业发展的引导和监管；企业需要积极探索可持续的发展模式，注重生态环境保护和产业开发的有机结合；社会各界也需要积极参与生态环境治理和产业发展，共同营造一个良好的生态环境和社会氛围。

生态环境治理与产业发展的和谐共生是一种可持续的发展模式，它不仅能够改善生态环境，提高人民的生活质量，还能够促进经济的稳步发展，实现社会、经济和环境的协调发展。我们应该积极探索和实践这种模式，为未来的可持续发展奠定坚实的基础。

3）统筹推进

生态环境治理与产业开发内容可作为整体项目进行综合规划与协同实施。通过整合两者资源，实现生态与经济的双赢发展。这一综合规划与协同实施的项目，不仅有助于保护生态环境，更可以促进地方经济的持续发展。在生态环境治理方面，可以依托科技手段，进行精准的环境监测和数据分析，从而制定出更加科学合理的治理方案。同时，引入先进的生态修复技术，如湿地修复、水土保持等，恢复生态系统的稳定性和健康性。在产业开发方面，可以依托当地的自然资源和地理优势，发展具有地方特色的绿色产业。这些产业不仅对环境影响小，而且能够创造大量的就业机会，提高当地居民的生活水平。同时，生态环境治理与产业开发之间可以形成良性的互动关系。生态环境治理为产业开发提供了良好的环境基础和资源保障，而产业开发则为生态环境治理提供了资金和技术支持。这种互动关系，可以实现生态与经济的相互促进，实现可持续发展的目标。生态环境治理与产业开发内容的综合规划与协同实施，是一种创新的发展模式，有助于实现生态与经济的双赢发展。

4）市场化运作

项目实施主体应独立承担决策责任，自主负责盈亏管理，独立承担风险，并积极推动自我发展。在此过程中，任何形式的增加地方政府隐性债务的行为均不被允许。

为了确保项目实施主体的独立性和自主性，相关政策和法规应明确规定其独立承担决策责任、自主负责盈亏管理、独立承担风险的义务。这意味着项目实施主体在决策过程中应充分考虑到各种风险和挑战，制定合理的实施方案，确保项目的顺利进行。同时，政府应加强对项目实施主体的监管和指导，确保其合法合规地运营。政府可以通过建立健全的监管机制，加强对项目实施主体的监督和管理，防止其出现违规行为，从而确保项目的顺利实施和长期发展。此外，为推动项目实施主体的自我发展，政府还可以提供必要的政策支持和资金扶持。例如，政府可以为项目实施主体提供税收减免、贷款优惠等政策支持，帮助其降低运营成本，提高盈利能力。同时，政府还可以为项目实施主体提供技术指导和人才培训等服务，提升其管理水平和创新能力。

8.3.2　生态环境导向的石柱县实践开发案例分析

1）石柱县区域概况

石柱县位于重庆市三峡库区中心，平均海拔 1 000 米以上，森林面积 122.7 万亩，森林覆盖率达 66.48%，是国家森林康养基地。

2）产业体系

2017 年，石柱县在全市范围内率先倡导以"生态康养"为核心，精心构建了一个包含观养、食养、疗养、文养、动养、住养以及康养制造在内的"6+1"大康养产业体系，其中包含了户外运动基地。此体系旨在通过全域康养的理念，促进第一、第二产业的深度融合，进而推动康养经济在全产业、全领域、全地域的全面发展，将其培育成为推动高质量发展的战略性支柱产业。该体系强调在区域发展中实现生态、生产、生活三大领域的融合，以促进生产发展、生活富裕和生态良好的有序建设。同时，它高度重视地方传统民族文化的保护，如将竹铃球等土家族传统体育项目引入校园，旨在通过有效途径实现文化的活化、体验化和产品化。此外，该体系还注重构建完善的公共文化服务体系，强调公共文化服务的标准化和均等化，致力于解决公共文化服务"最后一公里"的问题，特别是积极改善农村公共文化服务设施，以满足农村精神文化需求。

3）产业生态化运营

石柱县大康养产业运营体系的核心是"政府引导，市场主导"。全县致力于创新管理体制机制，充分激发城区（集镇）、景区（度假区）以及社区之间的协同合作潜力，通过"三区协同"的战略布局，推动康养经济在全县范围内的全面发展。政府通过制定并实施一系列政策与支持体系，为"康养石柱"的稳健发展提供了坚实的保障支撑，充分彰显了政府在产业发展中的引导与统筹作用。

2019年石柱县实现产值8亿元，打造全国铁人三项邀请赛、太阳湖公开水域游泳赛、冷水国际冰雪节、千野草场夜猫马拉松十大精品体育赛事。发展赛事经济，以举办赛事为契机，将赛事宣传与城市营销融合发展，推进节会、赛事、商务、文化旅游和体育产业深度融合[①]。同时以黄连为支点，扶持中药材初加工企业47家，组建营运公司，协同推进品牌建设，打造知名度和美誉度俱佳的市场化载体。

石柱县的大康养经济发展模式，深入阐述了其核心理念。该模式强调，森林资源（生态环境）的保护与治理应置于优先和基础地位。

---

① 李强，孟广艳. 生态环境导向的开发模式的山区城市实践——以石柱县为例[J]. 安徽农业大学学报（社会科学版），2022，31（04）：37-43.

通过以大康养产业为核心，结合市场主导与政府引导的双重力量，推动县域内生态资源与产业资源的深度融合与协同。此举旨在实现新旧动能的转换，为贫困地区注入绿色发展的强劲动力。

8.3.3 山地户外运动发展EOD模式实施路径

EOD模式是一种系统性的方法，旨在将生态环境治理、区域开发建设运营以及资源和产业发展等关键要素整合为一个协调的整体。通过综合运用财政规划、土地供应、资源开发和产业政策等手段，引导和促进片区的环境治理、开发利用和产业发展，进而推动地区生态环境的改善和区域经济的高质量发展。将EOD模式应用于山地户外运动发展领域，将有效解决资金短缺和效率低下等核心问题。通过发挥政府和市场的协同作用，进一步提升环境治理和产业开发的水平，为实现生态产业化和产业生态化的双向融合提供有力支撑。

1）整体规划，构建绿色开发体系

对于山地环境的生态环境，主要包括自然景观和生态系统两方面。自然景观的主要问题，如山体侵蚀、过度砍伐、环境污染、资源开发过度等，可采用生态修复和环境保护的措施进行治理。例如，对受损的山体进行植被恢复、水土保持和景观重塑，以提升山地的生态功能和景观价值。生态系统方面的问题，如动植物栖息系统的破坏、土地退化、植被破坏等，可通过构建生态廊道、保护关键物种和恢复生态平衡，恢复和提升山地生态系统的稳定性和服务功能。

山地综合开发利用规划设计，包括生态环境评估、产业规划、土地资源利用等内容。要根据区域经济的发展需求和产业经济发展规律，结合国家乡村振兴战略的指导意见，确定片区的主导产业方向。在山地户外运动产业的发展方面，应根据山地的自然条件和资源特点，合理规划和发展户外运动项目。例如，利用山地的地形地貌和气候条件，发展徒步、攀岩、滑雪、山地自行车等户外运动项目。同时，加强对户外运动设施的建设和管理，提高户外运动的安全性和便利性。

在高山领域，可重点发展高山户外运动，如徒步、攀岩、滑雪等，打造高山户外运动基地，吸引户外运动爱好者。同时，结合高山特色，发展高山生态旅游，如高山花海、高山草甸等，为游客提供独特的旅游体验。在中山区域，可以发展山地户外运动，如山地自行车、山地越野、露营等。结合山地特色，可以开发山地特色农产品，如山地蔬菜、山地水果等，打造山地生态农业品牌。在低山区域，可以发展户外休闲度假旅游，如温泉度假、乡村民宿等。同时，可以引入文化创意产业，如艺术创作、文化体验等，为游客提供更加丰富的文化体验。

2）引入市场机制，推动多元化投资

实现山地户外运动发展的 EOD 模式，需要引入市场机制，吸引多元化的投资主体参与。政府可以通过制定优惠政策、提供财政补贴、建立投融资平台等方式，引导和激励社会资本投入山地户外运动产业。同时，可以探索与金融机构、企业等合作，共同开发山地户外运动项目，实现资源共享和互利共赢。在投资过程中，应注重风险控制和回报机制的设计。通过合理的风险评估和回报预测，为投资者提供稳定可靠的收益预期，吸引更多的资本投入山地户外运动产业。同时，应建立健全的监管机制，确保投资资金的安全和有效使用。

EOD 模式偏向于"生态环境治理+片区综合开发"的方式，适宜采用"政府牵头、市场运作、多主体运营"的合作模式，针对项目包的不同类型选择适宜的合作模式[①]。对于生态环境治理类项目，政府可发挥主导作用，通过财政投入和政策引导，推动项目实施。对于片

---

① 刘林，代晓松，张永强. EOD 模式在海洋环境综合治理与开发中的应用研究[J]. 建筑经济，2024，45（01）：98-104.

区综合开发类项目，可引入市场机制，吸引社会资本参与，实现多元化投资。同时，可鼓励多主体参与项目运营，包括政府、企业、社会组织等，形成合力推进项目实施。

3）优选主体，精做项目

在国家和地方生态环境相关政策的引导下，地方政府、投资平台公司联动重点央企，积极开展山地的环境治理和综合开发。以宁海为例，2009年宁海建成并获得由国家体育总局登山运动管理中心授牌的"国家级登山健身步道"。2015年，宁海获批为"国家体育产业示范基地"。2019年，宁海建成了500公里登山步道、100公里山地自行车道及登山跑道、越野车、攀岩等项目，同时在海岛上设立帆船、帆板、皮划艇、海钓等项目，并与东海云顶、许家山等景区合作开展休闲旅游。目前，宁海已经打造为集山地户外运动、国际大型赛事、拓展体育培训、休闲度假、极限运动等众多功能于一体的休闲度假胜地。宁海充分利用胡陈乡生态资源优势，打造集轮滑、攀岩、越野自行车、皮划艇、滑翔伞、垂钓等多种项目，覆盖吃、穿、住、行、购、玩等多种功能的户外运动核心区，与当地农家乐、农业基地、餐饮食宿等进行了有效结合。

山地户外运动产业的发展不仅依赖于生态环境的改善，还需要与相关产业进行深度融合。例如，可以与旅游、文化、健康等产业进行融合，共同打造山地户外运动产业链。通过产业融合，实现资源共享、优势互补和协同发展，提高整个产业链的竞争力和盈利能力。通过EOD模式的实施，实现山地户外运动发展与生态环境保护的良性互动。在推动地区生态环境改善的同时，促进区域经济的高质量发展，实现生态产业化和产业生态化的双向融合。这将为山地户外运动产业的可持续发展提供有力支撑，为人民群众提供更多优质的户外运动产品和服务。

　　在发展山地户外运动的背景下，应将生态环境治理与户外运动产业开发相结合，构建绿色开发体系。通过合理规划运动路线、设置环保设施、推广绿色出行方式等，实现户外运动与生态环境的和谐共生。同时，应注重对当地文化的保护和传承，将山地户外运动与乡村旅游、文化体验等相结合，打造具有地方特色的运动旅游品牌。

参考文献

[1] 孙永生. 户外运动相关概念辨析 [J]. 体育学刊, 2013, 20 (1): 57.

[2] 中国登山协会. 山地户外运动竞赛规则 [R/OL]. [2023-03-11]. https://cmasports.sport.org.cn/fgzc/jsgz/2013/0311/239013.html.

[3] 马欣祥. 对户外运动概念的重新甄别与界定 [J]. 中国体育科技, 2015, 51 (1): 141.

[4] 梁强, 罗永泰, 赵伟. 户外运动产业的需求挖掘与价值创新策略 [J]. 体育科研, 2007 (03): 34-36.

[5] OUTI R, ARILD R, JARNO V.Is adventure tourism a coherent concept? A review of research approaches on adventure tourism [J]. Annals of Leisure Research, 2018, 21 (05): 539-552.

[6] VARLEY P C. Adventure and playing with meaning: The Adventure commodification continuum [J]. Journal of Sport and Tourism, 2006, 11 (2): 173-194.

[7] 王明业, 朱国金. 中国的山地 [M]. 成都: 四川科学技术出版社, 1988: 1-2.

[8] 赵松乔. 我国山地环境的自然特点及其开发利用 [J]. 山地研究, 1983, 1.(3): 1-9.

［9］　国家体育总局等. 山地户外运动产业发展规划［EB/OL］.［2016-10-21］. https：//www.sport.gov.cn/n315/n330/c774631/content.html.

［10］　刘朝明. 山地户外运动产业发展研究［M］. 成都：电子科技大学出版社，2019.

［11］　卓正大，张宏健. 生态系统［M］. 广州：广东高等教育出版社，1991.

［12］　王相荣. 生态与环境—城市可持续发展与生态环境调控新论［M］. 南京：东南大学出版社，2000.

［13］　张清宇，欧晓理，孟东军. "一带一路"生态环境合作机制研究［M］. 杭州：浙江大学出版社，2017.

［14］　马克思，恩格斯. 马克思恩格斯选集：第3卷［M］. 中共中央马克思恩格斯列宁斯大林著作编译局，译. 北京：人民出版社，1995.

［15］　马克思，恩格斯. 马克思恩格斯文集：第1卷［M］. 中共中央马克思恩格斯列宁斯大林著作编译局，译. 北京：人民出版社，2009.

［16］　中国共产党第十九届中央委员会第六次全体会议. 中共中央关于党的百年奋斗重大成就和历史经验的决议［N］. 人民日报，2021-11-17.

［17］　中共中央宣传部. 习近平总书记系列重要讲话读本［M］. 北京：学习出版社、人民出版社，2014.

［18］　习近平. 习近平关于社会主义生态文明建设论述摘编［M］. 北京：中央文献出版社，2017.

［19］　BRIAN P M.Sport Ecology：Conceptualizing an emerging subdiscipline within sport management［J］. Journal of Sport Management，2020，34.

［20］　赵松乔. 我国山地环境的自然特点及开发利用［J］. 山地研究，1983（9）.

［21］　王子滢，李周园，董事魁，等. 近40年青藏高原生态格局演变及其驱动因素［J］. 生态学报，2022，42（22）：8941-8952.

［22］　国家林草局.2021年中国林草资源及生态状况［R/OL］.［2022-11-22］. http：//www.forestry.gov.cn/main/65/20221124/130811052364462.html.

［23］　罗锐，鲍明晓，蔡林. 山地户外运动特色小镇产业开发研究［J］. 首都

体育学院学报，2019（7）：311-315.

[24] CEREZO-ESTEVE S，INGLÉS E，SEGUI-URBANEJA J. The environmental impact of major sport events（Giga，Mega and Major）：A systematic review from 2000 to 2021［J］. Sustainability 2022，14，13581.

[25] ZIRALIS G，TOLIS A，TATSIOPOULOS I.Sustainability and the Olympics：The case of athens 2004［J］. Int.J.Sustain.Dev.Plan.2008，3，132-146.

[26] YANG P.Evaluation of ecological civilization development in the Post-Olympic Times［M］. Appl.Ecol.Environ.Res.2019，17，8513-8525.

[27] RMOLAEVA P. Green？ Cool. Yours：The effect of sports Mega-Events in Post-Soviet Russia on citizens environmental consumption practise［M］. s.J. Organ.Cult.Commun.Confl.2016，20，165.

[28] SHOKRI A，MOOSAVI S J，DOUSTI M.Study of economic，social and environmental impacts of Olympic games on the host cities from professors and experts viewpoint case study：London 2012 Olympic［J］. Int. J. Sport Stud.2013，3，984‐991.

[29] COLLINS A，JONES C，MUNDAY M.Assessing the environmental impacts of mega sporting events：Two options？［J］. Tourism management，2009，30（6）：828-837.

[30] GOVENDER S，MUNIEN S，PRETORIUS L. Visitors perceptions of environmental impacts of the 2010 FIFA World Cup：Comparisons between Cape Town and Durban［J］. Afr.J.Phys Health Education Recreation and Dance，2012，18，104-111.

[31] 张玉钧，宋秉明，张欣瑶. 世界国家公园：起源、演变和发展趋势［J］. 国家公园（中英文），2023（01）：17-26.

[32] EAGLES. Parkg Legislation in Canada //Dearden P，Rollins R. Parks and protected areas in canada：planning and management［J］. Toronto：Oxford University Press，2009：57-74.

[33] 施林，王萍. 守一方净土护一汪碧水——为推进国家公园建设贡献人大

力量〔J〕. 中国人大，2022（09）：36-37.

[34]　常钦，寇江泽. 全国已建立10处国家公园体制试点〔N〕. 人民日报，
　　　 2019-12-06.

[35]　杨尧，朱永明. 我国正式设立首批国家公园〔J〕. 生态经济，2021，37
　　　 （12）：9-12.

[36]　刘卫先，李诚. 我国国家公园体制建设的主要制度障碍及其克服〔J〕.
　　　 环境法评论，2022（02）：3-17.

[37]　梁修德. 一体·对立·和谐——人与自然关系演进的历史逻辑〔J〕. 安
　　　 庆师范学院学报（社会科学版），2012，31（01）：92-96.

[38]　中共中央办公厅，国务院办公厅.《关于建立以国家公园为主体的自然保
　　　 护地体系的指导意见》〔R/OL〕.〔2019-06-26〕. http：//www.xinhuanet.
　　　 com/politics/2019-06/26/c_1124675392.htm.

[39]　中共中央关于制定国民经济和社会发展第十四个五年规划和二〇三五年
　　　 远景目标的建议〔R/OL〕.〔2020-11-03〕. http：//www.gov.cn/zhengce/
　　　 2020-11/03/content_5556991.htm.

[40]　习近平. 高举中国特色社会主义伟大旗帜 为全面建设社会主义现代化国
　　　 家而团结奋斗——在中国共产党第二十次全国代表大会上的报告〔R/
　　　 OL〕.〔2022-10-25〕. http：//www.mofcom.gov.cn/article/zt_20thCPC/zypl/
　　　 202211/20221103366954.shtml.

[41]　雷会霞，敬博，朱依平. 自然保护地体系下的秦巴山脉区域乡村振兴发
　　　 展战略与模式研究〔J〕. 中国工程科学，2020（1）：96-110.

[42]　黄茂兴，叶琪. 马克思主义绿色发展观与当代中国的绿色发展——兼评
　　　 环境与发展不相容论〔J〕. 经济研究，2017（6）：17-30.

[43]　杨桦，王孟，任波，等. 体育产业绿色发展的动力机制与推进策略〔J〕.
　　　 体育文化导刊，2022（03）：78-83；97.

[44]　蔡建辉，李增光，沈克印. 体育用品制造业高质量发展的动力机制与推
　　　 进路径〔J〕. 武汉体育学院学报，2020，54（20）：53-60.

[45]　欧名豪. 扬州土地利用变化的驱动力机制研究〔J〕. 中国人口·资源与

环境，2007（1）：102-108.

[46] 王孟，任波，刘东锋. 体育产业绿色发展的动力机制与推进策略 [J].
体育文化导刊，2022，(03)：78-83；97.

[47] 卢静. EOD模式核心要义与项目方案设计要点解析 [J]. 中国环保产业，
2023（10）：17-19.

[48] 李强，孟广艳. 生态环境导向的开发模式的山区城市实践——以石柱县
为例 [J]. 安徽农业大学学报（社会科学版），2022，31（04）：37-43.

[49] 刘林，代晓松，张永强. EOD模式在海洋环境综合治理与开发中的应用
研究 [J]. 建筑经济，2024，45（01）：98-104.

[50] 蔡礼彬，朱晓彤. 旅游者—环境契合度会影响环境责任行为吗？——以
难忘的旅游体验、地方依恋为中介 [J]. 旅游学刊，2021，36
（7）：119.

[51] 习近平. 高举中国特色社会主义伟大旗帜为全面建设社会主义现代化国
家而团结奋斗——在中国共产党第二十次全国代表大会上的报告 [EB/
OL]. [2022-10-25]. https://movement.gzstv.com/news/detail/HzKedE/.

[52] IRWIN A，SETHA M.LOW.Place attachment [M]. New York：Plenum
Press, 1992：1-13.

[53] HIDALGO M C，HERNANDEZ B. Place attachment：Conceptual and
empirical questions [J]. Journal of Environmental Psychology，2001，21
（3）：273-281.

[54] JORGENSEN B S，STEDMAN R C.Sense of place as an attitude：Lakeshore
owners attitudes toward their properties [J]. Journal of Environmental
Psychology，2001，21：233-248.

[55] PROSHANSKY H M. The city and self-identity [J]. Environment and
Behavior，1978，10（2）：147-169.

[56] STOKOLS D，SHUMACKER S A.People in places：A transactional view of
settings.Cognition，social behavior，and the environment [J]. Hillsdale,
NJ：Erlbaum，1981：441-448.

[57] HALPENNY E A.Pro-environment behaviours and park visitors: The effect of place attachment [J]. Journal of Environmental Psychology, 2010, 30 (4): 409-421.

[58] 陈婉茹, 李爽, 伍艳慈. 独立书店消费者的休闲涉入和地方依恋研究 [J]. 世界地理研究, 2021 (3): 423.

[59] 程文谦, 王兆峰, 陈勤昌. 旅游环境契合度、地方依恋与旅游者亲环境行为——以武陵源世界遗产地为例 [J]. 长江流域资源与环境, 2021, 8: 1880-1881.

[60] KATO J, IKEUCHI H, NONAMI H.The influences of local-environment focused goal intention and environmental-problem focused goal intention on environment-conscious behavior: Local decision-making process regarding a riverp [J]. Research in Social Psychology, 2004, 20 (2): 134-143.

[61] 林源源, 邵佳瑞. 乡村旅游目的地意象视角下的亲环境行为意图研究 [J]. 南京工业大学学报 (社会科学版), 2021, 20 (2): 99.

[62] HINDS J, SPARKS P.Engaging with the natural environment: The role of affective connection and identity [J]. Journal of Environmental Psychology, 2008, 28: 109-120.

[63] 吴登涛. 旅游者原真性感知对旅游支持行为意向的影响研究——地方依恋的中介效应. 资源开发与市场, 2021, 37 (10): 1327.

索引